Jireh: El Dios que Provee

Deyanira Romero Reynoso

DEYANIRA ROMERO REYNOSO

"El que no escatimó ni a su propio Hijo, sino que lo entregó por todos nosotros, ¿cómo no nos dará también con él todas las cosas?" **Romanos 8:32 (RV1960)**

DEYANIRA ROMERO REYNOSO

Contenido

Agradecimiento
Prólogo
Introducción
1. La provisión más importante
2. Una llamada inesperada
3. Busca primero el reino de Dios
4. Es Navidad
5. Eso no me lo esperaba
6. Fiel es el que prometió
7. Más allá de lo material
8. Si Él cuida de las aves
9. Encierro, incertidumbre, pánico…
10. Refugio en medio del dolor
11. El Rey me mandó a llamar
12. Un encuentro inolvidable
13. Trabaja, calla, espera…
14. Un odre nuevo
15. Porque Yo sé
16. Cuando Dios manda…
17. ¡Ebenezer!
Acerca de la autora

AGRADECIMIENTO

A mi Señor y Salvador, al Gran Yo Soy, proveedor de mi vida, a quien debo todo lo que tengo y lo que soy.

A mi esposo Carlos por ser mi apoyo incondicional.

A mi motivo, el motor de mi vida, mis amados hijos Paula y Lorenzo.

A mi amada madre Leda Reynoso y a mis queridos hermanos Alexander, Daniel y Suhaill por nunca rendirse y siempre estar para mí.

A la gran familia de la fe por acompañarme en cada desafío que he tenido que enfrentar.

A una muy amada amiga y hermana que el señor me regaló, mi querida Karina Cruz. Gracias por mostrarme a Cristo con tu vida y aceptar ser parte de este proyecto.

A Julio De Windt y Leonardo De Jesús, por haber sido instrumentos de bendición para mi vida y la de mi familia.

PRÓLOGO

¡Dios siempre está obrando de manera poderosa en nuestras vidas! En su extraordinario e infinito amor y misericordia, el corazón de Dios desde el principio ha sido y sigue siendo revelarse a todos.

Quienes hemos abrazado la fe en nuestro Señor y Salvador Jesucristo de manera muy personal lo experimentamos, y aún la vida de aquellos que no le conocen en la soberanía de Dios pueden experimentar su poder, porque en Jesucristo, el camino, la verdad y la vida, tenemos propósito, estando destinados a creer, recibir la gracia del perdón de pecados, la salvación y la vida eterna.

"Jireh: el Dios que Provee" es una firme respuesta del carácter bondadoso de la provisión de Abba, nuestro Padre amado que está en los cielos, a quien no se le escapa ningún detalle o desafío por el cual estemos atravesando. Tengo la plena convicción de que Dios ha movido el corazón de la autora para que, de manera transparente e inspiradora, cuente en estas páginas su historia para impactar la vida de muchos, al elevar nuestra fe con esta lectura de conmovedores testimonios.

Dios me ha concedido el privilegio de conocer a Deyanira y a su familia. Nuestras vidas fueron conectadas con propósito divino hace alrededor de veinte años, por lo que he sido testigo de la respuesta de Dios ante su clamor, junto a toda una comunidad de creyentes en el poder de la oración. Ciertamente, cuando tocamos la puerta, se nos abre, y cuando clamamos, recibimos respuesta. ¡Sí, Jehová responde!

A lo largo de estos años, he visto cómo las tribulaciones y tormentas sólo han fortalecido y aumentado la fe de Deyanira: la discípula de Jesucristo, la hija, la hermana, la madre, la esposa, la amiga. Su crecimiento como guerrera de oración e intercesión no ha sido sólo por ella y sus cargas personales, sino también por las de muchos, incluyendo las mías.

En las páginas que siguen, al leer, encontrarás razones para reír y también razones para llorar, pero más fuerte aún, encontrarás razones para alabar a Jireh, el Dios que provee. Este recorrido es un diseño celestial; el Alfarero toma el barro de Deyanira, de sus hijos y esposo en sus manos, y todo lo hace nuevo, lo transforma para su honra. ¡Glorifico a Dios y exalto su nombre por esta obra! Es un hermoso retrato de su fidelidad.

A través de estas historias, ahora tú también serás testigo de cómo se manifiesta Jehová Jireh y probablemente encontrarás en alguna historia conexión con la tuya. Verás cómo ha provisto no sólo necesidades materiales, sino también cómo provee para los anhelos más profundos de nuestro corazón. Estas experiencias son un recordatorio poderoso de que nuestro Dios es un Dios de milagros, un Dios que no cambia, que nunca nos abandona y que siempre cumple sus promesas. ¡Jehová es fiel!

Si pudiera acompañar esta lectura con una adoración o

poner música a las letras del pincel o teclado, lo haría con la poderosa entonación de la canción: Milagroso, abres camino, cumples promesas, luz en tinieblas, mi Dios, ¡así eres Tú! Porque, aunque no lo podamos ver, ¡Él siempre está obrando!

Al finalizar esta lectura, te invito a reflexionar sobre tu propia relación con Dios y a reconocer las innumerables veces y formas en que Él ha obrado en tu vida.
Que este libro inspire tu vida, conmueva tu corazón y te motive a profundizar tu fe y a confiar más plenamente en el amor que nunca falla y la provisión que no se agota, la provisión de Jehová Jireh.

"*Y este mismo Dios, quien me cuida, suplirá todo lo que necesiten, de las gloriosas riquezas que nos ha dado por medio de Cristo Jesús. Toda la gloria sea a Dios nuestro Padre por siempre y para siempre. Amén.*" Filipenses 4:19-20 (NTV)

Karina Cruz

INTRODUCCIÓN

Génesis 22:14 (RV1960) *"Y llamó Abraham el nombre de aquel lugar, Jehová proveerá. (Jehová-Jireh) Por tanto se dice hoy: En el monte de Jehová será provisto"*

Cuando decidí escribir este libro, mi intención inicial era contar sobre las provisiones materiales que el Señor me ha dado desde que lo recibí en mi corazón, le entregué el control de mi vida y le pedí que me adoptara como su hija, porque entendía que a eso se refería la Biblia cuando hablaba de Jehová Jireh, el Dios que provee.

Sin embargo, con el transcurrir de los días y mientras escribía me di cuenta de que estaba errada, pues el Dios que provee, no solo nos suple alimentos, techo y abrigo, sino que todo lo que necesitamos para caminar en esta tierra está en sus manos, pues la vida es más que alimento y el cuerpo más que vestido.

Él nos provee salvación, paz, consuelo, fuerzas, amor, protección, sanidad, restitución si es que hemos sido maltratados o desechados, perdón, propósito, seguridad, confianza, fe y muchas otras bendiciones espirituales tal como expresa el Apóstol Pablo en Efesios 1:3 (RV1960) *"nos bendijo con toda bendición espiritual en los lugares celestiales en Cristo"*.

Cada uno de los capítulos de este libro ha sido escrito desde el fondo de mi corazón, con el deseo de que pueda bendecir a cada persona que tenga la oportunidad de leerlo y que a su vez sea un faro de esperanza para todos los que en algún momento de sus vidas atraviesen alguna aflicción o desafío y que sientan a Dios lejos de ellos.

Todas las historias aquí escritas han sido vividas por una servidora, algunas fueron muy difíciles de contar pues tocan las fibras más delicadas y sensibles de mi alma. Sin embargo, fui obediente a las instrucciones del Señor cuando me inquietó a compartirlas. Deseo de todo corazón que estos testimonios logren el propósito para el cual fueron compartidos.

Finalmente, te exhorto a que lo compartas con otros y ¿por qué no? escribas el tuyo, pues estoy segura de que todos tenemos historias que contar sobre lo que el Señor ha hecho en nuestras vidas, pues fiel es Él que promete darnos en abundancia no sólo lo que necesitamos, sino también lo que es mejor para nosotros en su perfecto tiempo y a su manera.

Recordemos sobre todo que el Dios que provee espera de nosotros que seamos agradecidos.

2ª Corintios 9:8-11 *"Y Dios puede hacer que toda gracia abunde para ustedes, de manera que siempre, en toda circunstancia, tengan todo lo necesario y toda buena obra abunde en ustedes. Como está escrito:*

«Repartió sus bienes entre los pobres;
   su justicia permanece para siempre».

El que le suple semilla al que siembra también le suplirá pan para que coma, aumentará los cultivos y hará que ustedes produzcan una abundante cosecha de justicia. Ustedes serán enriquecidos en todo sentido para que en toda ocasión puedan ser generosos, y para que por medio de nosotros la generosidad de ustedes resulte en acciones de gracias a Dios"

DEYANIRA ROMERO REYNOSO

1. LA PROVISIÓN MÁS IMPORTANTE

Marzo de 1975. Nació una niña en una familia que para aquel tiempo era de cuatro miembros, papá, mamá y hasta ese momento, dos hijos varones. Tres años y medio más tarde nació una segunda niña y los padres decidieron que la familia ya estaba completa.

Esa primera niña que nació la mañana del 20 de marzo de 1975 es quien escribe, me presento, soy Deyanira.

Tuve una infancia feliz con una familia estable y funcional, disfrutaba jugar con mis amigos, visitaba mis primos y abuelos con mucha frecuencia y aunque no teníamos muchas posesiones, mi padre era un gran proveedor que siempre se ocupaba de satisfacer todas nuestras necesidades materiales. Cada día nos sentábamos a compartir la comida en la mesa, veíamos programas juntos y cuando era posible, salíamos a pasear en familia.

Mi padre era chofer y mi madre, ama de casa. Ella siempre estaba ayudándonos con los deberes escolares, cuidando de nosotros, preparando ricas comidas y pendiente de que estuviéramos limpios y arreglados, al igual que nuestro humilde hogar.

Todo marchaba bien hasta que un día, la tragedia tocó a nuestra puerta. El sábado 14 del mes de enero de 1989, cuando yo apenas tenía 13 años, mi padre salió de la casa para resolver algo breve y nunca más regresó.

Ese sábado se convirtió en un domingo gris con la noticia de que él no había regresado. Rápidamente se propagó la información y muchos se sumaron a la búsqueda para dar con el paradero de mi amado padre, pero esta fue infructuosa porque él nunca apareció.
Las horas pasaban, la esperanza se hacía más lejana. Las horas se convirtieron en días, luego en meses y tristemente en años.

Al pasar el tiempo empecé a sentir un gran vacío en el corazón, sentía que algo se había roto en mi interior, que alguien había desprendido una pieza fundamental del rompecabezas de mi vida, entonces mi existencia se tornó gris y carente de sentido (ahora entiendo que estaba atravesando por trastornos de depresión y ansiedad por la pérdida).

Un par de años más tarde empecé a tratar de llenar el espacio que había dejado mi papá. Entendía que alguien o algo podía acallar el dolor que sentía y comencé a salir con chicos. Más tarde experimenté con el alcohol, fiestas y en el año 1994 tuve mi primer hijo, Lorenzo.

Ya en la universidad y trabajando conocí muchas personas que me animaban a "vivir mi vida", lo que provocó que estableciera relaciones fallidas con personas equivocadas.

Producto de esa vida desenfrenada estuve más de una vez al borde de la muerte a causa de varios abortos que me provoqué ya que tampoco me cuidaba. Hoy reflexiono y me doy cuenta de que el Señor fue misericordioso pues a pesar de llevar una vida tan desordenada y sin protegerme, nunca me contagié de alguna enfermedad que luego lamentara.

Estaba consciente de que mi vida iba de mal en peor, pero no sabía cómo parar y redirigirla hacia otro rumbo.
Es bueno que sepas que mientras vivía todo eso, nunca dejé de asistir a la iglesia a la cual en ese tiempo pertenecía que era la Iglesia Episcopal Dominicana, por lo que estaba llevando una doble vida que sólo mi familia (madre y hermanos) conocían.

Unos años más tarde quedé embarazada y esta vez decidí casarme. De esa unión nació mi hermosa princesa Paula, pero el matrimonio se disolvió en menos de un año, pues ambos éramos personas rotas que no sabíamos cómo manejar nuestros traumas y frustraciones y tampoco sabíamos cómo ni dónde acudir por ayuda.

Regresé a vivir con mi madre, esta vez con mis dos hijos. Tenía un buen empleo, con un buen salario y trataba de que a mis hijos no les faltara nada, tal y como aprendí de mi padre y puedo decir que me sentía satisfecha con mi labor de madre dedicada y proveedora. Sin embargo, siempre sentía ese inexplicable vacío que nada podía llenar.

El mar siempre ha sido una de las obras de la creación que más me impresiona y recuerdo que siempre que llevaba a mis hijos de paseo al malecón, miraba hacia el imponente mar, me quedaba meditando y preguntando "¿Qué haré con mi vida?", porque estaba consciente de que estaba completamente rota por dentro y no sabía cómo solucionarlo.

Tratando de resolver la situación, intenté reconciliarme con mi esposo (sin resultados) y nuevamente quedé embarazada, pero esta vez lo perdí con siete meses de gestación, esto me puso al borde de la muerte, pero de una forma milagrosa, Dios me dio una nueva oportunidad y sobreviví gracias a su gran misericordia, porque evidentemente tenía un propósito para mi vida.

Juan 8:10-11 (NTV) *"Entonces Jesús se incorporó de nuevo y le dijo a la mujer:*

- ¿Dónde están los que te acusaban? ¿Ni uno de ellos te condenó?

- Ni uno, Señor - dijo ella.

- Yo tampoco – le dijo Jesús -. Vete y no peques más"

Luego de la pérdida de mi hijo caí en una depresión profunda, incluso atenté contra mi vida, pues estaba cansada de intentar cambiar y cuanto más intentaba, más me hundía. Era como si tratara de nadar en contra de la corriente y lo único que lograba era agotarme física, mental y emocionalmente.

Un par de años más tarde, el 14 de octubre del año 2008, alguien tocó la puerta de la casa, atendí y eran unas personas de una iglesia cercana que en ese momento visitaban a los vecinos del sector, llevando el evangelio. Me obsequiaron una biblia, la tomé, les agradecí y luego pensé que para qué la acepté si ya teníamos varias biblias en la casa.

Sin embargo, no fue la biblia lo que llamó mi atención, sino un separador de libros que había dentro de ella, en el cual se encontraban los horarios de los cultos que realizaban en su templo.

En ese tiempo me encontraba de licencia médica afectada por una neumonía. Me sentía muy enferma pero más del alma que del cuerpo. Estaba tan agotada emocionalmente por no encontrar el sentido a mi vida que el mismo día que me visitaron las personas de la iglesia, decidí asistir a un culto de damas que celebraban. Lo recuerdo bien, era martes.

Estuve allá, vi varias caras conocidas, pero nada pasó. Regresé al siguiente culto y esta vez era jueves, tampoco ocurrió nada. Volví el domingo en la mañana y me sentí súper extraña en aquel lugar, pero me quedé.

Ese mismo domingo (19 de octubre de 2008) en la noche, regresé porque obviamente tenía una gran necesidad de Dios y en mi interior gritaba por ayuda, aunque por fuera sonreía.

Esta vez, cuando entré al templo de inmediato sentí que se me conmovió el alma al escuchar las letras de una canción de Marcos Witt que dice: *"Renuévame Señor Jesús, ya no quiero ser igual, renuévame, Señor Jesús, pon en mi tu corazón"*. En mi mente dije *"no voy a llorar"*, pero al instante, mis ojos se llenaron de lágrimas y no pude parar. Mi hijo Lorenzo estaba sentado detrás con unos amigos y uno de ellos le dijo que se sentara junto a mí pues había notado lo que me ocurría.

Tocó el turno del predicador, cuando subió al púlpito leyó el evangelio de Juan en su capítulo 8 donde presentaba la historia de una mujer que fue hallada en el acto mismo del adulterio y la habían llevado a Jesús para que fuera apedreada, pero Él simplemente les dijo que quien estuviera libre de pecados fuera el primero en arrojar una piedra contra ella, volteó y se puso a escribir en el suelo esperando la reacción de quienes la acusaban.

Escuché atentamente la lectura, la cual no era desconocida para mí. El predicador continuó con un sermón basado en el texto leído, pero de eso solamente recuerdo que él dijo: *"nosotros no estamos aquí para juzgarte ni condenarte, acércate a Cristo y él te perdonará, sin importar lo que hayas hecho"*

Las lágrimas salían como torrentes de mis ojos. El culto terminó, yo seguía sentada sin poder moverme, entonces en un momento se acercó aquel predicador, me preguntó si deseaba recibir a Cristo, asentí con la cabeza, aunque para ser honesta, no comprendía bien lo que estaba ocurriendo. Él llamó a una señora que luego supe era esposa del pastor y con ella hice la oración de fe y entregué mi vida a Cristo.

A partir de ese momento sentí cómo el peso del pecado que llevaba sobre mí había sido quitado, el vacío que mi padre terrenal dejó, el Padre Celestial lo estaba llenando con su amor.

Entendí que el Dios que provee me había provisto de un maravilloso regalo: salvación y vida eterna y puso en mí en el mismo instante en que lo acepté, Su Espíritu Santo, el cual siempre estaría conmigo para que no volviera a sentirme sola nunca más.

* * *

Para Reflexionar

Luego de conocer la historia de salvación que el Señor hizo en mi vida, te invito a pensar en la tuya dejándote las siguientes preguntas:

¿Has tenido la provisión de la salvación de tu alma? ¿Cuál es tu historia?

Si has sido salvado, agradece a Dios por ese regalo tan grande, maravilloso e invaluable que ha puesto en tus manos.

Si aún no la tienes ¿Estás dispuesto a entregar tu vida a Cristo?

Si deseas puedo guiarte hacerlo mediante una oración. No es una oración mágica ni mucho menos un mantra. Sólo dispón tu corazón, abre tu boca y repite lo siguiente:

"Señor Jesús, hoy comprendo que he vivido mucho tiempo a espaldas tuya, que he estado huyendo de ti y dejando de lado la obra tan grande que has hecho por la humanidad. En este momento, reconozco que he pecado y que eso ha puesto un abismo entre nosotros. Por eso, en este momento decido entregar mi vida, abro mi corazón a ti y te pido que entres en él, que saques todo aquello que me aparta de ti y que me hagas una nueva criatura. Gracias por amarme y dar tu vida por mí. Amén"

Si creíste y oraste de corazón, desde este momento empiezas a formar parte de la familia de Dios pues ha sido adoptado como hijo, Él empezará a escribir una nueva historia contigo solo necesita que le entregues las riendas de tu vida.

Te motivo a que busques una iglesia cristiana en la que puedas congregarte con otros creyentes.

¡Bienvenido a la familia de Dios!

2. UNA LLAMADA INESPERADA

El año 2009 estaba siendo un poco difícil, pues debido a un mal desempeño en la empresa donde laboraba, desde el mes de abril, fui despedida y se me estaba dificultando conseguir un nuevo empleo.

Como saben, tengo dos hijos, Lorenzo y Paula quienes en ese tiempo tenían 15 y 8 años respectivamente. Ambos estaban en la escuela y como yo no estaba percibiendo ingresos, no podía pagar a tiempo la colegiatura y fue así como me atrasé por tres meses.

Una mañana, como cada día, los preparé envié al colegio y para mi sorpresa, a eso de las 10:00 a.m., llegó Lorenzo a la casa, le pregunté por qué estaba de vuelta si las clases culminaban a la 1:00 p.m. y me respondió que lo habían suspendido por el retraso del pago.
A diferencia de otros tiempos, en ese momento me quedé tranquila y solo salió de mi boca decirle que se quitara el uniforme y lo guardara, entonces fui a buscar la niña que se había quedado en el colegio.

En ese tiempo vivíamos con mi madre y mi hermana menor, las cuales se mostraron preocupadas ante la situación. Sin embargo, yo solo me puse a orar y en mi corazón confiaba en que el Señor nos iba a dar la solución a ese problema.

Filipenses 4:19 (NVI) *"Así que mi Dios les proveerá de todo lo que necesiten, conforme a las gloriosas riquezas que tiene en Cristo Jesús"*

Este texto que pareciera simplemente una esperanza o una enseñanza del apóstol Pablo para la iglesia de Filipos en aquellos tiempos, se volvió una realidad en mi vida en la situación que les estoy compartiendo.

Al día siguiente me levanté temprano, puse alabanzas en la radio y empecé a realizar la limpieza de la casa (claro que antes había tenido un tiempo devocional de intimidad con el Señor).

En esos momentos se acercó mi madre y tuvimos la siguiente conversación:

- *"Qué piensas hacer para pagar el colegio?*
- *Yo no puedo hacer nada, es Dios quien hará porque no tengo forma de resolverlo.*

Ella, visiblemente molesta, salió de la casa y se fue a visitar a mi abuela quien en ese tiempo vivía cerca de nosotros.

Unos minutos más tarde timbró el teléfono, contesté y al otro lado de la línea escuché la voz de un muy entrañable amigo, ex compañero de trabajo que me dijo que venía de camino de la provincia de El Seibo y que me traía algo. Me indicó que saliera a la calle a encontrarlo porque estaba apurado y no podía detenerse por mucho tiempo.

Para mí no era algo extraño, pues siempre que iba a su pueblo, solía traerme frutas, quesos y mariscos.

Al acercarme al vehículo me sorprendí pues lo que me colocó en las manos fue un sobre y me dijo *"Si lo que Dios nos da no lo usamos para ayudar ¿Para qué nos sirve? Dios te bendiga"* En esos momentos se fue y yo quedé parada en la calle.

Entré al estacionamiento del edificio donde vivía y al abrir el sobre, vi que contenía una carta y diez mil pesos, entonces temblando y llorando recordé que debía NUEVE MIL pesos de colegiatura y que mis hijos no tenían merienda para la escuela.

Ingresé a la casa, mi hermana se asustó al ver mi expresión y me preguntó qué me pasaba a lo que contesté solo entregándole el sobre. Ella al igual que yo se conmovió y solo expresó *"Dios es real"*.

❋ ❋ ❋

Para Reflexionar

En este momento te pido que hagas un alto, que coloques de un lado este libro y hagas memoria de algún momento en el que hayas estado en una situación que sólo Dios y tú conocían y que Él haya enviado un mensajero para ayudarte. Si lo has tenido, agradece al Señor por ello.

Ahora te lanzo un reto y es que tú mismo te conviertas en instrumento del Señor y seas ese mensajero que alguien más necesita.

3. BUSCA PRIMERO EL REINO DE DIOS

Era octubre de 2009, me encontraba trabajando en un centro de la organización Compassion International en el cual apadrinaban niños de muy escasos recursos. Dicho centro era administrado y supervisado por personas de la iglesia en la que me congregaba en ese tiempo. Allí únicamente recibía una pequeña ofrenda que escasamente alcanzaba para algunos gastos mínimos.

Debido a que el ingreso era muy bajo, seguía buscando empleo, pero mientras conseguía algo más remunerativo, como tenía mucho tiempo libre, me involucraba en todas las actividades en las que podía colaborar en la iglesia.

Era jueves en la noche, día en que la iglesia celebraba los cultos de oración, estaba inquieta por asistir, pero estaba lloviendo a cántaros y las calles estaban inundadas, el acceso era imposible, por lo que el templo estaba cerrado.

En ese momento recordé un texto de la Biblia:

Josué 4:4-7 (NVI) *"Entonces Josué reunió a los doce hombres que había escogido de las doce tribus y dijo: «Vayan al centro del cauce del río hasta donde está el arca del Señor su Dios y cada uno cargue al hombro una piedra. Serán doce piedras, una por cada tribu de Israel, y servirán como señal entre ustedes. En el futuro, cuando sus hijos les pregunten: "¿Por qué están estas piedras aquí?", ustedes responderán: "El día en que el arca del pacto del Señor cruzó el Jordán, las aguas del río se dividieron frente a ella. Para nosotros los israelitas, estas piedras que están aquí son un recuerdo permanente de aquella gran hazaña"*

Basado en este texto, unos días atrás, un predicador había dicho que siempre que atravesemos alguna situación difícil, que involucremos a nuestros hijos para que cuando el Señor responda y obre a nuestro favor, ellos puedan recordarlo, así como ocurrió con las doce piedras del Jordán.

Así que en ese momento le dije a mis hijos, *"vayamos a orar en la habitación porque aquí no hay dinero para comer mañana"*.

Mientras orábamos escuché timbrar el teléfono de la casa, cuando salí de la habitación mi madre me dijo que mi hermano mayor llamó para que le cuidara su niña que tenía casi la misma edad de Paula y que él llevaría el almuerzo del día siguiente.

Luego de que mi hermano pasó a recoger a mi sobrina, me dispuse a alistarme con mis hijos para asistir a una campaña evangelística que estaba organizando la iglesia en una cancha de baloncesto cercana a mi casa.
Obviamente, esto no era del total agrado de mi familia, pues ellos en su humanidad entendían que yo debía aprovechar el tiempo buscando empleo y no perderlo en tanta ocupación eclesial. Claro que yo estaba haciendo mi

parte, pero también me estaba ocupando por las cosas del reino como nos manda el Señor en Mateo 6:33 (NVI) *"Más bien, busquen primeramente el reino de Dios y su justicia, entonces todas estas cosas les serán añadidas"*

Llegamos al lugar donde se realizaría la actividad, estábamos terminando de hacer el montaje de las sillas y del equipo de sonido. De repente el cielo empezó a nublarse completamente y en cuestión de minutos se desató un gran aguacero que nos hizo suspender el evento.

Una persona se ofreció a llevarnos a la casa para que no nos mojáramos. Llegué y encontré a mi madre con los ojos aguados, vi la meseta de la cocina repleta de comida y le pregunté qué pasó. Me contó que otro de mis hermanos (que desconocía la situación que teníamos en ese momento) estaba sentado en la galería de su casa viendo llover y de repente sintió un impulso de ir al supermercado y hacernos una compra, que por cierto fue bastante generosa.

Ella me miró y se expresó como lo hizo mi hermana aquella vez del pago del colegio *"Dios es real"*

※ ※ ※

Para Reflexionar

¿Has colocado tú las doce piedras del Jordán para hacer memoria de las cosas que el Señor está haciendo en tu vida, de manera que otros puedan conocer tu testimonio e inquietarse a conocer al Dios que provee?

¿Has involucrado a tus cercanos para que sean testigos de las maravillas que el Señor hace cuando le creemos y damos de nuestro tiempo para servirle?

¿Cuál es tu prioridad en este momento?

4. ES NAVIDAD

La navidad es una época de regocijo, compartir en familia y con nuestras amistades. En ese tiempo es donde recordamos y conmemoramos la llegada del Mesías prometido, el nacimiento milagroso del niño Dios que vino a cumplir la misión de nacer, vivir y morir en esta tierra para pagar el precio del pecado de la humanidad y darnos el privilegio de obtener la vida eterna si creemos en Él.

Es costumbre que, en esa época las personas participen en diversas celebraciones y que se realicen actividades como cenas, intercambios de regalos, conciertos alusivos a la estación, entre otros, por lo que se puede decir que es uno de los momentos más alegres del año.

Durante mi niñez la idea de recibir regalos el día de los Reyes me hacía una gran ilusión. Más que lucir ropa nueva o degustar una gran cena, para mí esos regalos eran lo más esperado. Por tanto, traté siempre de contagiar a mis hijos con esa ilusión y continuar con la tradición de sorprenderlos con juguetes que ellos desearan, así que se los compraba y guardaba hasta el día de la celebración.

Era diciembre de 2009, aunque me había esforzado mucho, tocando puertas, enviando correos, realizando múltiples llamadas, aún no conseguía un empleo que me permitiera suplir a la familia como era debido, seguía solamente percibiendo la ofrenda que me proporcionaban en el centro de Compassion.

Como expresé en el capítulo anterior, yo procuraba aprovechar el tiempo y participar en las actividades de la congregación y no por el simple hecho de participar, sino porque tenía un sentimiento de gratitud en mi corazón tan grande por lo que el Señor estaba haciendo en mi vida, por haberme quitado el peso del pecado, la culpa que carcomía mis huesos y la condenación que merecía y que por su gran misericordia, a través del sacrificio de Cristo en la cruz me exoneró, que yo sentía el deseo de pagarle de alguna manera esa salvación tan grande y lo único que por el momento podía hacer era entregarle mi tiempo y mis talentos poniéndolos al servicio de Su obra.

Así que, cuando me solicitaban para ayudar en cualquier trabajo, siempre estaba dispuesta, así fuera el más "insignificante" porque sentía un gran compromiso con el Señor y eso me llenaba de gozo.

Todo esto lo hacía sin detenerme a pensar en la forma de resolver los temas de la cena de navidad ni los regalos para los chicos, sino más bien me enfoqué en servir a Cristo y a su obra.

Salmos 37:4 (NVI) *"Deléitate en el Señor y él te concederá los deseos de tu corazón"*
Este texto se hizo evidente en mi vida cuando en el momento que más involucrada estaba en el trabajo de la iglesia, de repente, de forma inesperada, empezaron a llegar ofrendas a través de diferentes personas.

Dos o tres noches antes de la navidad, ya tarde estando nosotros acostados escuché que alguien tocaba la puerta. Me sorprendí y pregunté quién era. Era un joven de la congregación que me dijo: *"Hermana, vendí el vehículo que usaba para transportar los equipos de sonido hacia los lugares donde llevamos los cultos, me puse a orar para ver qué hacía con el dinero y el Señor me ministró para que la bendijera a usted y su familia con una ofrenda. ¡Pase feliz navidad!"*

Ya imaginarán mi reacción y la de mi familia, porque entendimos que como dice el salmo, el Señor estaba concediendo los deseos de mi corazón y me envió un regalo de navidad para que pudiera celebrar como anhelaba.

Puedo afirmar que la navidad del año 2009 fue la mejor de todas pues, recibimos directamente del Padre las provisiones que necesitábamos y lo que él proporciona lo hace en abundancia.

Pudimos celebrar una hermosa cena, incluso compartirla con alguien más, compré los regalos para mis hijos y ellos pudieron usar ropas nuevas.

Eso sólo pudo ser posible gracias al gran Jehová Jireh, el Dios que provee.

※ ※ ※

Para Reflexionar

¿Cuál ha sido el mejor regalo que has recibido en tu vida y que has dicho: esto viene de parte del Señor"?

5. ESO NO ME LO ESPERABA

Uno de los regalos que recibí por parte del Señor en esa navidad inolvidable, fue mi amado Carlos, un hombre que estuvo orando por una esposa desde hacía varios años y que era parte del liderazgo de la congregación a la que yo asistía. Era diácono y también maestro de la escuela bíblica de los niños, un hombre con una gran fe, dependiente del Señor y con un testimonio de vida incuestionable.

Era maestro del curso de mi hija Paula en la escuela bíblica y a veces ella me hablaba de él y me decía que era su profesor favorito.

La primera vez que entablé una conversación con Carlos fue en una reunión de Compassion en la cual hablamos de un proyecto para incluir clases de matemáticas para los niños y jóvenes del centro, lo cual era su especialidad, pues se desempeñaba profesionalmente como docente de esa asignatura desde hacía ya varios años.

De repente empezó a surgir en nosotros una atracción. Comenzamos a conversar por horas y de manera frecuente por teléfono. El 31 de diciembre del año 2009, Carlos me confesó que estaba enamorado de mí y que le interesaba que tuviéramos una relación formal.

A principios del año 2010, conversamos con los pastores pues yo era prácticamente nueva creyente y él tenía ciertas responsabilidades dentro de la iglesia. Ellos estuvieron de acuerdo y nos aconsejaron no extender mucho el noviazgo, debido a que éramos personas adultas, conscientes de lo que queríamos y que como estábamos seguros de lo que deseábamos, pensáramos en fechas para casarnos.

Así lo hicimos y empezamos con los planes y preparativos para la boda que pensábamos celebrar en el mes de diciembre de ese mismo año.

A todo esto, continuaba mi trabajo en Compassion, estaba sirviendo como maestra en una escuelita bíblica que realizaban en la casa de una hermana de la iglesia, empezamos a comprar las cosas para habilitar nuestra casa (recordando que no sólo éramos Carlos y yo, sino que también nos mudaríamos con Paula y Lorenzo).

Planeamos una boda súper sencilla, pues no contábamos con recursos para hacerlo diferente, además de que era injusto gastar en una gran fiesta cuando teníamos otras prioridades.

Jeremías 29:11 (NVI) *"Porque yo conozco los planes que tengo para ustedes – afirma el Señor -, planes de bienestar y no de calamidad, a fin de darles un futuro y una esperanza"*

Cuando los hermanos de la iglesia se enteraron de que planeábamos casarnos, ofrecieron apoyarnos y les puedo decir que el Señor se manifestó a través de ellos. Nos regalaron un hermoso pastel, el brindis, las fotos, la decoración, las flores, me prestaron un vestido precioso, en fin, cada detalle fue cubierto por ellos, nosotros sólo pagamos por la luna de miel.

Adicionalmente, una amiga y su hija nos colaboraron con el maquillaje para mí y para el cortejo, otra elaboró con sus propias manos unos recuerditos artesanales como suvenir y los invitados nos regalaron algunos enseres para el hogar, pero sobre todo dinero en efectivo, suficiente para terminar de equipar el hogar donde viviríamos, el cual ya habíamos rentado.
Así que el día 11 de diciembre de 2010, en una hermosa ceremonia unimos nuestras vidas para siempre mediante un pacto delante del Señor y de muchos testigos. Fue uno de los días más felices de mi vida pues el Dios que provee me había regalado un esposo para que compartiera con él por el resto de mi vida y trabajáramos juntos en el propósito que tenía para cada uno de nosotros.

* * *

Para Reflexionar

Sabemos que muchas veces en nuestras vidas estamos constantemente planificando el futuro, nos esforzamos y decimos que en tal tiempo esperamos lograr tal o cual cosa. Eso no está mal. El Señor mismo nos manda a planear.

Sin embargo, en este día te pido que hagas algo diferente: quiero que escribas el versículo de Jeremías 29:11, que lo repitas y memorices.
Piensa en algo que hayas planeado y que esté pendiente

por realizarse. Analiza algún acontecimiento que haya ocurrido en tu vida, que sea impactante para ti, evalúa las circunstancias en las que eso ocurrió y reflexiona ¿Habrá sido el Señor?

Muy probablemente él haya cambiado tus planes por una muy buena razón.

6. FIEL ES EL QUE PROMETIÓ

Yendo un poco atrás en la historia, mientras Carlos y yo nos preparábamos para casarnos, el 20 del mes de marzo de 2010, justo el día de mi cumpleaños, recibí la llamada de una gran amiga que me contactó para felicitarme.

Mientras conversábamos preguntó sobre mi vida ya que hacía rato no hablábamos, le conté los planes de casarme y le dije que estaba en busca de un empleo, a lo que ella contestó que en el lugar donde estaba laborando en ese momento, habían convocado a un concurso para contratar una persona que la sustituyera pues había sido promovida y necesitaban ocupar la vacante.

Me dijo que le pasaría mis datos a una antigua jefa en común que teníamos y que me contactaría más adelante. La persona me llamó el lunes a primera hora y el martes yo estaba en su oficina depositando mi hoja de vida.

Inicié el proceso de evaluaciones para el reclutamiento y pasé a la siguiente etapa, (eso ocurrió en el mes de marzo). Recursos Humanos me llamó aproximadamente tres meses después y me informaron que aprobé todo y fui preseleccionada.

Ahora sólo faltaba un paso que era la entrevista con la persona con la cual trabajaría directamente. Esta era una funcionaria de alto nivel por lo cual necesitaban que ella me aprobara para poder completar el proceso de contratación.

Me emocioné porque entendí que en unos días estaría iniciando mis labores, sobre todo que estaba acercándose la fecha del matrimonio.

Salmos 27:13-14 (RV1960) *"Hubiera yo desmayado, si no creyere que veré la bondad de Jehová en la tierra de los vivientes. Aguarda a Jehová; esfuérzate, y aliéntese tu corazón; sí espera a Jehová"*

Los días de espera se convirtieron en meses, ya había llegado el mes de septiembre y aún no recibía la tan esperada llamada. Sin embargo, albergaba la esperanza de que el Señor me había prometido suplir y estaba segura de que él siempre cumple sus promesas.

Recuerdo que en uno de esos días un hermano de la congregación (el mismo que predicó el día que acepté al Señor) se me acercó y me preguntó cómo me sentía, le contesté que muy bien y expectante a lo que el Señor haría conmigo.

En ese momento, me confesó que estaba preocupado porque yo siendo nueva creyente estaba pasando por esos momentos tan duros que él pensaba que me iría de la iglesia de vuelta al mundo, a mi antigua manera de vivir.
Le respondí que en el mundo no había encontrado nada que llenara mi vida y por eso estaba ahí, que nada de lo que ocurriera me haría cambiar de opinión y que estaba segura que eso era algo que el Señor estaba utilizando para moldear

mi carácter y para que aprendiera a depender totalmente de él.

Al día siguiente de esa conversación, estando yo laborando en el centro, llegó la anhelada llamada. Me contactaron de la institución para decirme que iniciaba a trabajar al día siguiente con un excelente paquete salarial y muy buenos beneficios que hasta el momento desconocía, pues Dios hace las cosas mucho más abundantemente de lo que pedimos o entendemos, simplemente porque le place.

Así fue como el 4 de octubre de 2010, casi ocho meses después de haber iniciado el proceso de reclutamiento, empecé a trabajar.

Con ese ingreso seguimos comprando enseres para el hogar, rentamos el apartamento donde viviríamos que estaba súper cerca de mi casa y de la iglesia. Recibí algunos regalos de varios compañeros de trabajo y en el mes de diciembre me casé.

Cuando regresamos de la luna de miel aún nos faltaba comprar las camas de los chicos, la nevera y la estufa.

Decidimos reunir el dinero que nos regalaron el día de la boda y nos fuimos a comprar para equipar las habitaciones de los muchachos y poder acomodarnos en la casa mientras resolvíamos lo demás.

Mateo 6:34 (NTV) *"Así que no se preocupen por el mañana, porque el día de mañana traerá sus propias preocupaciones. Los problemas del día de hoy son suficientes por hoy"*

Regresé al trabajo, pues había tomado una licencia breve por el matrimonio. Para mi sorpresa, con apenas unos meses en el puesto, recibí un montón de obsequios por motivo de la navidad, incluyendo canastas navideñas, certificados de regalos, bonos para compras, una invitación para una cena de gala en un hermoso restaurante para mí y para mi esposo y dinero en efectivo, más que suficiente para comprar lo que nos hacía falta para la casa y alimentos para un par de meses. ¡*Definitivamente Jehová Jireh*!

* * *

Para Reflexionar

Como seres humanos desconocedores del futuro y de los planes de Dios, nos desesperamos cuando no recibimos respuesta a nuestras oraciones. Sin embargo, fiel es el que prometió y en su tiempo recibiremos las respuestas a nuestro clamor pues Él dice "clama a mí y yo te responderé".

¿Por qué estás orando en este momento? ¿Qué tienes en la bandeja de peticiones de Dios que aún no te ha respondido? Sigue orando, sigue confiando en Él y Él hará.

7. MÁS ALLÁ DE LO MATERIAL

Cuando decidimos entregar nuestras vidas al Señor, de inmediato nos hace portadores del Espíritu Santo, el cual nos capacita para realizar labores relacionadas a la obra de Papá, con el objetivo de que se expanda el reino de los cielos, muchas personas sean alcanzadas y puedan recibir el regalo de la salvación y la vida eterna.

En el año 2011, debido a situaciones que nos ocurrieron en la congregación a la que pertenecíamos, nos fuimos y empezamos a buscar otra iglesia a la cual asistir.

Visitamos varios lugares, pero en ninguno sentimos la convicción de que era el sitio que el Señor tenía para nosotros, pues siempre que íbamos a un templo orábamos antes para confirmar si nos debíamos quedar allí o seguíamos buscando el lugar indicado.
Un día recibí la llamada de una amiga que me indicó que en el colegio donde estudiaba su niño había una iglesia y que esta tenía varias iglesias hijas, una de las cuales se encontraba relativamente cerca del lugar de nuestra residencia.

Decidimos asistir y cuando llegamos nos sentamos a recibir en el culto. Cuando de repente Carlos y yo nos miramos y al mismo tiempo dijimos *"es aquí"* pues lo sentimos en el espíritu.

Se trataba de una iglesia pequeña con pocos miembros y había una pareja de pastores que habían sido recién instalados allí.

Un día en el culto anunciaron que el sábado próximo iniciarían las clases bíblicas para niños para lo cual me ofrecí ayudar pues tenía experiencia y me gustaba mucho ese ministerio.
Rápidamente Carlos y yo nos involucramos en el servicio y empezamos a ayudar a crear la estructura pues ellos tenían poco tiempo con aquella obra.

En el año 2012, el pastor me dijo que deseaba conversar conmigo y me pidió que formara el ministerio de jóvenes, ya que había unos cuantos chicos que generalmente se reunían en el templo para hacer vida social pero no recibían ningún tipo de enseñanza bíblica.

Yo tenía vasta experiencia trabajando con jóvenes y amaba hacerlo, por lo que la idea me entusiasmó e inmediatamente me puse a trabajar en el tema.

Así surgió el ministerio de jóvenes "Bendecidos", con una asistencia tímida de aproximadamente seis o siete chicos de diferentes edades.

El reto inicial era conquistar las almas de los jóvenes, presentarles a Jesús de una manera práctica y acorde a su lenguaje, de manera que se sintieran interesados en asistir e invitar a sus amigos para que pertenecieran al ministerio.

En inicio tuvimos algunas decepciones pues mostraban

desinterés e incluso apatía. Recuerdo en una ocasión que preparamos una actividad, un pasadía que realizaríamos en el parque Jardín Botánico. Llegamos temprano a la iglesia Carlos y yo, muy entusiasmados y expectantes creyendo que todos estarían ahí. Sin embargo, sólo se presentaron dos pues algunos no quisieron asistir y otros no asistieron por la negativa de sus padres.

1ª Corintios 3:6-7 (NTV) *"Yo planté la semilla en sus corazones, pero fue Dios quien la hizo crecer. No importa quién planta o quién riega; lo importante es que Dios hace crecer la semilla"*
Como bien explica Pablo en su primera carta a la iglesia de los Corintios, la obra le pertenece a Dios, nuestro trabajo es sembrar la Palabra en el corazón de las personas y el Espíritu Santo se encarga de hacerla germinar.

Así que a pesar de la oposición inicial y de los desplantes que habíamos sufrido, continuamos haciendo el trabajo con amor, sabiendo que cuando el Señor te comisiona para la obra, cuando él es quien te envía, te respalda.

Así fue como unos meses más tarde ya el ministerio Bendecidos estaba tomando forma. Los jóvenes asistían con regularidad a los cultos que celebrábamos los sábados en la tarde y poco a poco se fueron involucrando tanto en su culto como en los servicios de la congregación.

El grupo creció, muchos entregaron sus vidas al Señor, empezamos a evangelizar en la comunidad y algunos de ellos incluso trajeron a sus familiares a la iglesia.

Entendimos que el Señor no sólo provee lo material, sino que además pone en nosotros dones y talentos para que cumplamos con el verdadero propósito de esta vida que es trabajar para él, honrarlo y ganar a otros para su reino.

* * *

Para Reflexionar

¿Alguna vez has reflexionado sobre cuál es el propósito para el cual fuiste llamado? ¿Tienes claros los dones y talentos que el Señor ha puesto en ti? ¿Qué estás haciendo con esos dones y talentos?

Recuerda, cuando sirves a la causa de Cristo estás retribuyendo de alguna manera lo que el Señor ha hecho por ti y no importa lo poco e insignificante que creas que haces para Dios, cada labor que realizas ayuda a la extensión de Su reino.

8. SI ÉL CUIDA DE LAS AVES

A partir del año 2012, tanto Carlos como yo asumimos muchas responsabilidades en la congregación. Acompañamos a los pastores en la formación de diversos ministerios, celebramos vigilias, realizamos campañas evangelísticas, organizamos muchas actividades dentro del templo y externamente como apoyo a la comunidad, celebramos encuentros familiares, visitas y evangelismo casa por casa. Poco a poco fuimos alcanzando personas hasta que la iglesia se dio a conocer y empezó a crecer tanto en número como espiritualmente.

Luego del ministerio de jóvenes, asumimos el reto de crear el ministerio de parejas al que llamamos "Ministerio 3 en 1" (el matrimonio y Dios como centro), con el objetivo de que las relaciones de los matrimonios fueran fortalecidas y que aquellos cuyas parejas no asistían a la iglesia pudieran ser conquistadas para que se congregaran.

Tuvimos un buen respaldo tanto del Señor como de la congregación y aunque el trabajo era arduo, al concluir cada encuentro, cada reunión y actividad, sentíamos una gran satisfacción al entender que estábamos haciendo algo que a Dios le agradaba y para lo que fuimos llamados. Supimos que el hecho de habernos conocido y unido en matrimonio fue el propósito del Señor para nuestras vidas.

Nuestra familia estaba estable, nuestro matrimonio excelente, me iba bien en el trabajo y me había inscrito en la universidad. Mis hijos estaban en sus estudios, pero por diversas circunstancias de salud y un mal manejo financiero, estábamos ahogados en deudas y se nos dificultaba la cobertura de los gastos fijos de la casa y hasta la comida diaria.

Estábamos muy preocupados por la situación, tratábamos de resolverlo por nuestra cuenta, pero nos complicábamos cada vez más.

Mateo 6:25-27 (NTV) *"Por eso les digo que no se preocupen por la vida diaria, si tendrán suficiente alimento y bebida, o suficiente ropa para vestirse. ¿Acaso no es la vida más que la comida y el cuerpo más que la ropa? Miren los pájaros. No plantan ni cosechan ni guardan comida en graneros, porque el Padre celestial los alimenta. ¿Y no son ustedes para él más valiosos que ellos? ¿Acaso con todas sus preocupaciones pueden añadir un solo momento a su vida?*

La mañana de un sábado del año 2017, me levanté y noté que en la despensa no teníamos prácticamente nada de comer, sólo había un poquito de aceite y una pequeña porción de arroz.

Recordé aquel pasaje de 2ª Reyes 4 donde una viuda pobre fue a pedir ayuda al profeta Eliseo porque tenía muchas deudas y no tenía de comer y este le pidió que le declarara lo que ella tenía en su casa.

En ese momento me puse a orar y a declararle al Señor lo

que tenía en la despensa (aunque él ya lo sabía). Le pedí que proveyera, le pedí a Jehová Jireh que nos visitara. Oré con mucha fe y convencida de que él había escuchado mi oración, entonces me fui a la universidad.

Estaba tomando clases cuando de repente timbró mi teléfono y escuché la voz conocida de una amiga, me preguntó que si estaba en casa, le contesté que en ese momento me encontraba en la universidad y que regresaba aproximadamente a las 6 de la tarde.

Me dijo que le avisara cuando llegara para ella pasar. Yo en el fondo pensaba que era un mal día para recibir visitas, pero no dije nada ni la cuestioné sobre ese interés de visitarme de forma tan repentina.

Ese día salí un poco más temprano, así que cuando llegué la llamé. Me dijo que estaba muy cerca que incluso la esperara abajo en el estacionamiento del edificio. Yo estaba extrañada y curiosa, pero simplemente me quedé a esperarla.

La vi entrar en un vehículo diferente al suyo y acompañada de un caballero que yo desconocía. Se desmontaron, ella abrió el baúl y me pidió que llamara a mi hijo y a mi esposo para que me ayudaran a cargar una compra que me habían llevado.

Quedé pasmada y la cuestioné sobre eso. Me contó que ella y su novio decidieron ir al mercado a comprar alimentos para preparar varias raciones y que luego de comprarlo y empacarlo se pusieron a orar para que el Señor les indicara a quién se lo llevarían y la primera persona que Dios puso en su mente fue a mí.

En ese momento recordé la oración que había hecho en la mañana y el texto de Mateo que habla del cuidado del Señor para con nosotros.

Le comenté a mi amiga sobre la situación que tenía y de cómo el Señor la había usado para bendecirnos. *¡Jehová Jireh!*

❋ ❋ ❋

Para Reflexionar

Piensa en algún momento de tu vida en el que te hayas visto en una gran necesidad y viste la mano de Dios obrar a través de alguien que desconocía tu situación. Toma unos momentos para agradecer por esa oportuna provisión.

Si nunca te ha ocurrido algo así, da gracias y evalúa la posibilidad de convertirte en canal de bendición para otros.

9. ENCIERRO, INCERTIDUMBRE, PÁNICO...

Enero del año 2020, me encontraba en casa con fiebre y un malestar terrible, afectada del virus de la influenza que me mantenía postrada y en licencia médica. Mientras tanto, en todas partes se escuchaban las noticias de un terrible virus que inició en China en el mes de diciembre del 2019 y estaba empezando a invadir todos los países.

Emitieron alertas de salud por todas partes y se hablaba de una pandemia mundial. Yo estaba en casa y debido a mi situación de salud la cual empeoraba cada día a pesar de los tratamientos médicos, me mandaron más tiempo de licencia, hasta que a inicios del mes de marzo me empecé a sentir mejor y debía regresar al trabajo.

Mi hijo Lorenzo quien en ese momento ya tenía más de veinte años, estudiaba en la universidad y recién había iniciado en un empleo en una famosa plaza de la ciudad de Santo Domingo.

Las noticias nacionales e internacionales continuaban informando sobre la terrible evolución del virus al cual habían nombrado COVID-19 y así fue como la Organización Mundial de la Salud lo declaró como una pandemia, por lo que todos los países debieron adoptar una serie de medidas y protocolos que incluían el cierre total y por tiempo indefinido de establecimientos comerciales, escuelas, gimnasios, iglesias, hoteles, centros de diversión y cualquier otro lugar de aglomeración de personas, excluyendo aquellos relacionados con la salud y de abastecimiento de alimentos, combustibles y medicamentos.

Así que el día 19 del mes de marzo del año 2020, el Presidente de la República Dominicana, emitió un decreto donde dictaminó el cierre del país, así como otros protocolos para proteger a la población del contagio y la propagación del terrible virus que estaba cobrando la vida de mucha gente alrededor del mundo.

Debido a que yo era asmática y tenía las defensas del cuerpo completamente bajas por causa del proceso de salud del que recién me acababa de recuperar, mi esposo Carlos era la persona que salía para comprar alimentos y medicina y fue así como se contagió del COVID-19.

Tuvimos alrededor de dos semanas de incertidumbre, estrés y preocupación por la situación de Carlos, pero Jehová-Rafá, el Dios que provee salud, tuvo cuidado de nosotros y le sanó, por lo que no fue necesario llevarlo al hospital y ninguno de nosotros se contagió.

Los meses pasaban y la crisis mundial se empezaba a sentir no sólo en términos de salud, sino en lo económico pues muchos habían quedado sin empleo y aunque algunas instituciones continuaban pagando los salarios a sus empleados, muchas empezaron a cerrar sus operaciones pues no podían sostenerse, debido a que no estaban percibiendo ingresos porque todos estábamos en nuestros hogares. Así fue como Lorenzo quedó sin empleo, porque la plaza en la que trabajaba estaba cerrada y la empresa no le podía pagar a sus empleados.

Carlos por otro lado, había sido desvinculado a finales del año 2019, (solo unos meses antes de la pandemia) y con el dinero que había recibido como pago de sus prestaciones laborales se cubrieron mis gastos médicos, que fueron altos. Por tanto, el único ingreso que había en la casa era el mío porque gracias a Dios me siguieron pagando el salario de forma regular. Así que nuestra situación financiera empezaba a complicarse.

Las iglesias empezaron a utilizar las herramientas tecnológicas que tenían a la mano para poder llegar a las personas y llevarles mensajes de esperanza y consuelo en un momento tan difícil y de tanta incertidumbre para la humanidad.

Salmos 37:25 (RV1960) *"Joven fui y he envejecido, y no he visto justo desamparado, ni su descendencia que mendiguen pan"*

Debido a la crisis que vivíamos, el gobierno, los partidos políticos y algunas organizaciones sin fines de lucro empezaron a repartir ayuda a las personas, sobre todo alimentos y medicamentos. Así fue como empezamos a recibir provisiones y aliviar un poco la situación de la casa.

Los meses pasaban y todo empeoraba. Una noche nos acostamos sin tener nada de comer en la casa para los próximos días y estaba un poco lejana la fecha de pago de mi sueldo, así que mi hijo me dijo que estaba preocupado y me preguntó qué íbamos hacer a lo que le contesté "Jehová Jireh".

Al día siguiente en la mañana Lorenzo recibió la llamada de un amigo que trabajaba en una institución gubernamental cuyo rol es proveer ayuda social a la población en estado de vulnerabilidad y le notificó que él había sido incluido en un programa llamado *"Quédate en Casa"*, que asignaba a los beneficiarios un monto quincenal para que acudieran a algunos establecimientos específicos a abastecerse de alimentos de forma temporal, mientras estuviéramos atravesando por la situación de la pandemia.

Grande fue nuestra sorpresa, pues nunca pensamos que seríamos agraciados con ese beneficio, sin embargo, esta fue la manera que el Señor utilizó para suplir los alimentos que necesitábamos en ese momento de tanta incertidumbre para la humanidad.

❈ ❈ ❈

Para Reflexionar

¿Puedes recordar algún momento de la Pandemia del

COVID-19 en la que viste la mano de Dios proveer para tu sustento?

Si no estuviste en esa situación ¿Pudiste ayudar a alguien que se encontrara en dificultad en medio de las circunstancias adversas que vivía el mundo?

Agradece a Dios por haberte suplido o por haberte permitido ser canal de bendición para otros.

10. REFUGIO EN MEDIO DEL DOLOR

Seguimos en el año 2020. Fueron tiempos verdaderamente complejos con muchos desafíos y situaciones complicadas enfrentadas por la humanidad a nivel global.

Continuamos encerrados, pero aún en medio de todo esto, vimos cómo la Palabra de Dios se expandió en todo el mundo mediante estrategias diversas utilizadas por los diferentes grupos de cristianos, alcanzando a muchas personas y llevando consuelo a quienes en ese momento se encontraban sufriendo.

Llegó el mes de julio y con este, el virus tocó a nuestra familia. Mi madre, mi hermana, mis hijos y yo nos contagiamos del COVID-19.

Dos de mis tías maternas muy queridas también fueron alcanzadas por la enfermedad y en ese proceso ambas perdieron la vida con pocos días de diferencia. Un gran dolor nos invadió.

Estábamos devastados por las pérdidas y sumamente preocupados pues nuestra madre estaba delicada y tenía condiciones previas de salud, lo que la hacía muy vulnerable y una candidata a perder la batalla contra la enfermedad.

Jeremías 33:6 (RV1960) *"He aquí que yo les traeré sanidad y medicina; y los curaré y les revelaré abundancia de paz y de verdad"*

La iglesia completa y algunos amigos de otras congregaciones empezaron a interceder por nuestra familia y días después del fallecimiento de mis tías, mi madre empezó a presentar mejoraría en su estado.

Fueron semanas muy difíciles pues debimos encargarnos de las cosas de mis tías fallecidas, tanto del funeral como de tomar decisiones sobre el destino de todo lo que poseían pues éramos su única familia, aparte de un nieto que estaba en esos momentos viviendo fuera del país y debido a la pandemia no podía viajar.

Debimos armarnos de valor y realizar el proceso de limpieza y donación de las pertenencias de ellas, eso nos devastó mucho más, pero a la vez nos permitió aprender una valiosa lección y es que no debemos aferrarnos a lo material, porque cuando partimos de este mundo, todo queda aquí, así que aprendimos a no construir tesoros en la tierra, sino a acumular tesoros en el cielo y valorar los momentos en los que podemos compartir con nuestros seres queridos, ya que desconocemos cuándo será el momento para despedirnos, pues sólo el Señor es conocedor de los tiempos.

En medio de todo, como expresa el texto de Jeremías, el Señor nos proveyó salud y nos dio paz y fortaleza para poder enfrentar el desafío que teníamos por delante y avanzar con la esperanza de que pronto habría de terminar ese tiempo tan oscuro.

✻ ✻ ✻

Para Reflexionar

¿Recuerdas algún episodio en medio de la Pandemia que te haya derrumbado y para el cual hayas recibido apoyo y fortaleza de parte del Señor?

11. EL REY ME MANDÓ A LLAMAR

Iré un poco atrás en esta parte del relato. En el año 2018, fui transferida de manera repentina y sorpresiva a otro departamento de la institución en la cual laboraba y me ubicaron en un almacén fuera de la entidad.

En ese momento tuve sentimientos encontrados, pues había estado orando mucho porque la situación en el área en la que estaba se estaba volviendo insostenible y estaba causando daños a mi espíritu. Así que cuando recibí la noticia de mi traslado, aunque fue sorpresiva e inesperada, di gracias a Dios porque entendí que era Él quien me estaba sacando de aquel lugar.

Tomé unos días de vacaciones antes de ingresar a mi nuevo lugar de trabajo. Usé ese tiempo para orar, ayunar y preparar mi mente y corazón para este nuevo desafío.
El día 1° de agosto del año 2018 inicié mis labores en el almacén. En principio estaba preocupada y un poco nerviosa pues me habían dicho que el ambiente no era muy favorable y que el lugar era inhóspito. Sin embargo, cuando llegué me acogieron de una forma que no esperaba, era como si se alegraran de que yo estuviera allí.

El equipo estaba compuesto sólo por hombres tal y como

me había informado, no obstante, algunos de ellos eran cristianos, el grupo tenía una buena relación y el ambiente era todo lo contrario a lo que me había contado, todos eran muy respetuosos y amables conmigo.

El local tenía sus dificultades por la naturaleza del trabajo que se realizaba, pero eso no me causó molestia alguna. Al contrario, me sentí libre desde el primer instante que llegué y me instalé.

Rápidamente me involucré en el trabajo y con uno de mis compañeros me dediqué a estudiar la Biblia a profundidad en el tiempo que teníamos disponible, orábamos todas las mañanas antes de iniciar el trabajo y pasábamos el día completo con música de alabanza y adoración en una bocina que teníamos en el local. Espiritualmente me sentía fortalecida, exactamente todo contrario a lo que me ocurría en mi anterior puesto de trabajo.

Lamentablemente, la situación no siempre fue buena, pues algunas personas seguían tratando de hacerme daño a pesar de que estaba lejos de ellos, yo cuestionaba sus motivos pues a mi entender, no había hecho nada en contra de esas personas.

Ocurrieron muchas situaciones desagradables con el equipo, debido a esto algunos fueron desvinculados, otros transferidos y la condición física del local empezó a afectar mi salud.

Por recomendaciones médicas, estaba pidiendo ser trasladada a la sede central de la institución, sin embargo, mi petición fue respondida de forma negativa y debido a eso me sentí muy molesta y decepcionada.

Recordé entonces a José cuando se encontraba prisionero y me puse en su lugar, pues no entendía la razón por la cual me estaba ocurriendo aquello y en algunos momentos hasta llegué a pensar que Dios me había olvidado.

Un día celebramos un pequeño desayuno en el almacén por motivo de las festividades navideñas y tuvimos un tiempo muy bonito de compartir tarjetitas con mensajes bíblicos. Cuando recibí la mía, lágrimas asomaron a mis ojos al leerla, pues sentí que era Dios quien me hablaba en ese versículo que les comparto a continuación:

Jeremías 30:17 (RV1960) *"Mas yo haré venir sanidad para ti, y sanaré tus heridas, dice Jehová; porque desechada te llamaron, diciendo: Esta es Sion, de la que nadie se acuerda.*

Ese mensaje trajo refrigerio a mi vida y lo guardé en mi corazón, aunque al igual que pasó con José cuando el copero salió de la cárcel y creyó que él también saldría de inmediato, yo esperaba que el Señor cumpliría rápidamente esa promesa, pero no fue así.

Pasó un tiempo, seguí tratando de que me autorizaran el cambio y mientras más intentaba más me frustraba, pues siempre venía la respuesta negativa hacia mi petición.

2° Samuel 9:5, 7 (NTV) *"Entonces David mandó a buscarlo y lo sacó de la casa de Maquir.*

–¡No tengas miedo! – Le dijo David –, mi intención es mostrarte mi bondad por lo que le prometí a tu padre, Jonatán. Te daré todas las propiedades que pertenecían a tu abuelo Saúl, y comerás aquí conmigo, a la mesa del rey.

Una de las historias más fascinantes para mí en la Biblia, se encuentra en 2° Samuel capítulo 9. Esta me marca profundamente por la misericordia mostrada por David hacia Mefi-boset, hijo de Jonatán, nieto de Saúl. De hecho, hay una canción de Danny Berríos basada en ella titulada *"El Rey te Mandó a Llamar"*. Y esa pasó a ser mi historia.

En septiembre del año 2020, luego de que el virus del COVID-19 empezó a ser controlado mediante medicamentos y una vacuna que fue creada, tímidamente empezaron a desarrollarse las actividades laborales presenciales y poco a poco nos fuimos reincorporando a las oficinas.

En el mes de septiembre, luego de haber pasado el proceso del virus en mi familia, estaba lista para regresar al trabajo, pero en esta oportunidad teníamos nuevas autoridades dirigiendo la institución, por lo que no estaba segura de qué tanto sabían ellos sobre mi caso.

Debía estar en el trabajo el lunes a primera hora, por lo que el fin de semana me la pasé orando para que el Señor pusiera gracia en mí y me diera las palabras adecuadas para exponer mi situación y pedirle a mi nuevo jefe que considerara retirarme del almacén o de lo contrario estaba dispuesta a ser transferida a otra área pues mi salud estaba en juego.

Todo el camino hacia la oficina me sentía nerviosa, iba orando y ensayando la conversación que tendría con el nuevo encargado. Cuando llegué, esta persona me dijo lo siguiente:

- *¿Usted es Deyanira?, venga que la estaba esperando.*

Me senté frente a su escritorio y él empezó a conversar con el equipo completo. De repente me miró y me dijo:

- *Sé que usted está fija en al almacén, pero a partir de hoy estará aquí en la oficina conmigo. Sé perfectamente quién es, conozco sus capacidades, por lo que estoy seguro de que puede con más de lo que le asignaré.*

En ese momento recordé la promesa que el Señor me había hecho mediante el texto de Jeremías y me sentí como Mefiboset. Cuando llegué a casa sólo le dije a mi familia *"El Rey me Mandó a llamar"*.

Tan solo unos meses después de regresar a mi trabajo, en diciembre del año 2020, íbamos de camino a la iglesia en un taxi. Tomé el celular y me enteré de una noticia que me sorprendió. Unas personas relacionadas a mis antiguos jefes habían sido detenidas por un escándalo.

Cuando estaba en el culto, específicamente en el tiempo de la adoración, escuché una voz que me dijo al oído: *"Mira de lo que te libré"*. Sin comprender nada, mi cuerpo empezó a temblar y lágrimas brotaron de mis ojos.

Llegué a casa luego del culto y volví a buscar el celular. En ese instante vi todas las noticias relacionadas con el hecho.

En ese instante comprendí las palabras que me habían hablado en la iglesia y entendí que todo por lo que pasó conmigo fue el Señor quien lo permitió para protegerme de que me involucraran o relacionaran con aquel problema.

Entonces mi corazón se llenó de gratitud y comprendí que el Dios que provee, me había provisto de protección, que había cuidado de mí y me había apartado para que no fuera señalada injustamente ni yo, ni algunos de mis compañeros que también habían salido de ahí y al igual que José expresé:

Génesis 50:20 (NVI) *"Es verdad que ustedes pensaron hacerme mal, pero Dios transformó ese mal en bien para lograr lo que hoy estamos viendo: salvar la vida de mucha gente".*

* * *

Para Reflexionar

Muchas veces atravesamos desafíos, persecuciones o somos víctimas de injusticias y tendemos a sentirnos abandonados por Dios. Sin embargo, en ocasiones es Él cuidando de nosotros o librándonos de alguna situación.

¿Ha sido tu caso en algún momento? Si es así ¿Cómo reaccionaste?

12. UN ENCUENTRO INOLVIDABLE

Era el año 2022, nos habíamos empezado a congregar en Iglesia Cristiana, nos capacitamos en la Academia Bíblica de Crecimiento lo cual es un requisito para cada persona que desea integrarse al servicio de la obra en esa congregación, así que luego de concluirla y graduarme comencé a trabajar en el ministerio de niños (de nuevo).

Debido a la pandemia que aún estaba causando algunos problemas, teníamos una situación económica complicada. Mi hijo Lorenzo estaba en búsqueda de empleo y mi esposo Carlos también.

Las deudas se fueron acumulando y empezamos a tener diferencias en nuestro matrimonio debido a que tenía mucha presión con las cuentas. Me sentía ahogada y en ocasiones entendía que Carlos hacía poco o ningún esfuerzo por ayudarme.

Él era un hombre de mucha oración y mucha fe, sin embargo, yo no veía eso, sino que a mi entender estaba perdiendo el tiempo mientras me esforzaba por mantener la familia a flote y cumplir con los compromisos financieros.

Yo me frustraba cada vez que llegaba a casa y lo encontraba estudiando la Biblia o en oración. Le reclamaba y le decía que aparte de orar, también debía buscar qué hacer, pero él me decía que lo hacía, sin embargo, no le creía.

Las cosas se fueron complicando cada vez más. Los hermanos de la iglesia, específicamente los de la célula trataban de ayudarnos, incluso nos hicieron una cita para consejería, pero no pudimos asistir porque el consejero enfermó y tuvimos que suspender la reunión con él hasta nuevo aviso. Por supuesto que eso me frustró mucho más.

Pasaron semanas y anunciaron en la iglesia un evento llamado *"Encuentro de Hombres con Jesús"* que es un retiro de tres días y me dijeron que luego de que las personas asisten a esta actividad, reciben una transformación grande en sus vidas. Pensé que era mi oportunidad de que las cosas cambiaran.

Así que le dije a mi esposo que se inscribiera, pero me respondió que entendía que no podría ir porque había que pagar por su participación y él no tenía dinero, pero como estaba tan interesada de que él fuera (por las razones equivocadas), me dediqué a buscar apoyo para que asistiera y lo logré.

Se fue al retiro, cuando regresó todo seguía igual, así que mi frustración iba en aumento.
En el mes de agosto anunciaron el mismo evento, pero esta vez para mujeres. Carlos me estaba motivando para que me inscribiera, pero le dije que yo no tenía dinero para ir, me negué rotundamente y me encerré en mí misma.

Unas semanas después recibí una llamada y alguien del

otro lado del teléfono me dijo *"Bienvenida al Encuentro"*, le dije que ni siquiera me había inscrito y me dijo que simplemente armara mi equipaje pues todo estaba listo y completamente pagado. En ese momento no supe cómo reaccionar, tuve sentimientos encontrados y nada de expectativas.

Job 19:25-26 (RV1960) *"Yo sé que mi Redentor vive, Y al fin se levantará sobre el polvo; Y después de deshecha esta mi piel, En mi carne he de ver a Dios"*

Unos días antes de irme estaba preocupada por varias cosas, en primer lugar, mi hermana estaba esperando que le realizaran una cirugía muy delicada de la cabeza por una lesión que tenía y esperaba la aprobación del proveedor del seguro médico para proceder, yo debía cuidar de ella luego de la cirugía por lo que me preocupaba no estar ahí en el momento del procedimiento.

En segundo lugar, en mi casa no había dinero ni provisiones para dejarles cuando me fuera y aún faltaban días para cobrar, pero como siempre, el Señor estaba pendiente de cada detalle.

Me avisaron que la cirugía se realizaría en el mes de octubre, por lo que estaba lejos de la fecha en la que iría al Encuentro, así que no era un inconveniente que estuviera fuera esos días.

El evento estaba pautado para celebrarse entre los días 16 y 18 de septiembre, pero como el Señor es tan especial y un Dios de detalles, el día 15, es decir, el día antes de la salida (porque era fuera de la ciudad), recibí la llamada de una amiga que reside en Canadá y me preguntó si todo estaba bien con nosotros, ya que había estado inquieta desde hacía varios días con mi nombre en su cabeza, por lo que decidió llamarme.

Le conté la situación por la que estaba atravesando y que asistiría a esa actividad más por compromiso que por otra cosa, pues tenía muchos temas pendientes. Ella me dijo que el Señor la inquietó para que me enviara una ofrenda, así que me estaba poniendo una remesa de cien dólares para aliviar un poco la situación.

Yo quedé sin palabras y sólo di gracias a Dios, entendiendo que el verdadero control lo tenía Él y no yo. Así que cuando llegué a la casa después del trabajo, empaqué una mochila y la dejé lista para el día siguiente.

Llegó el día, me fui dispuesta a pasar al menos un tiempo en tranquilidad, desconectada de todo y de todos, pero los planes del Señor conmigo eran otros y muy grandes.

A medida que pasaban las horas en aquel lugar, cada persona que hablaba, cada tema que trataban, cada oración, testimonio y canción sentía que me confrontaban fuertemente.

Yo pensaba que el hecho de ser cristiana y tener muchos años sirviendo en la obra era suficiente para conocer a Dios y que en mí no había cosa alguna qué cambiar o pecado qué confesar. Sin embargo, el Señor me hizo ver y entender que en mi interior tenía mucho acumulado, que impedía que mi relación con Él fuera mucho más profunda.

Me hizo comprender que yo no era Dios, no era autosuficiente ni todopoderosa, que debía dejarle el control a Él, hacer mi parte y dejarlo actuar como y cuando Él así lo decidiera.

Comprendí que Él dejó establecida una estructura donde Cristo es la cabeza de mi esposo, mi esposo la cabeza del hogar y yo su ayuda idónea y que si en esos momentos Carlos no estaba percibiendo ingresos no era su culpa, que en verdad se estaba esforzando porque de hecho me ayudaba mucho con la carga del cuidado del hogar para que fuera más ligera y que eso yo no lo estaba valorando. Que el hecho de no estar proveyendo como correspondía, no me daba derecho a faltarle el respeto ni a tomar su lugar.

Aprendí a perdonar las personas que me dañaron tanto en el trabajo, a mi padre al cual (sin saberlo) le guardaba rencor porque pensaba que me había abandonado y me hizo perdonarme a mí misma por acciones que cometí en el pasado y de las cuales aún me sentía culpable.

Y aún hay más...

Cuando llegué, luego de ese fin de semana tan maravillosamente especial y sanador, me encontré con una gran sorpresa. Aún al momento de escribir este libro no sé cómo ni de dónde, pero mientras estuve fuera nos enviaron a la casa una cantidad de provisiones suficiente para más de un mes.

Esa misma noche le pedí perdón a mi esposo por faltarle, por hacerlo sentir menos y por no darle el lugar que le corresponde como cabeza y sacerdote del hogar, como Dios ha establecido.

Pedí perdón a personas con las que el Señor me reveló debía ponerme a cuentas y a partir de ese momento mi vida ha sido diferente, pues el Dios que provee me llenó de su paz, esa que sobrepasa todo entendimiento y que me hizo estar quieta a pesar de que los problemas seguían ahí. ¡Jehová Shalom!

Quince días después mi hermana fue intervenida y la cirugía fue exitosa, muchas personas nos apoyaron con ofrendas que pudimos usar para su tratamiento.

Justo un mes después, mi hijo Lorenzo obtuvo un empleo en un laboratorio clínico, así que nuestras finanzas empezaron a mejorar. Una vez más proclamamos ¡Jehová Jireh!

* * *

Para Reflexionar

La experiencia de participar en ese evento me hizo entender que no importa el tiempo que tengamos en el camino del Señor, siempre debemos hacer un alto, tomar tiempos para apartarnos, pedirle al Señor que nos examine y nos revele si hay en nosotros algunas áreas o actitudes en las cuales poner atención.

No somos perfectos, sino seres imperfectos buscando la santificación y perfección, lo cual ocurrirá cuando estemos en Su hermosa presencia, pues cada día seguimos aprendiendo a ser como él.

Te motivo que tomes un tiempo para apartarte y sumergirte en Su presencia. Haz un alto y conéctate con ese Padre que te ama y te espera y que no te enfoques tanto en la obra del Señor, sino más en el Señor de la obra.

13. TRABAJA, CALLA, ESPERA…

Pasamos al año 2023, mi relación con el Señor se fue fortaleciendo, seguimos trabajando en el matrimonio y todo estaba mejorando. Pero, algo que he aprendido en este camino es que no debemos de ninguna manera bajar la guardia, que debemos estar alerta, parados en la brecha con nuestra principal herramienta que es la oración y vestidos como dice Efesios 6, con toda la armadura de Dios para enfrentar las acechanzas del enemigo que siempre busca molestarnos y destruirnos.

Debido a diversas situaciones, mi hijo Lorenzo cayó en un proceso de depresión y ansiedad y tuvo que tomar licencia médica y luego renunciar a su trabajo. En ese momento di gracias a Dios que mi esposo Carlos estaba en casa porque de esa forma se encargaría de cuidar de Lorenzo y mantenerlo vigilado para evitar una situación que luego lamentáramos.

En cuanto a mi trabajo, me iba muy bien. En el tiempo que llevaba laborando con las nuevas autoridades, el Señor había obrado en mi favor, pues movió el corazón de ellos y en apenas tres años me habían hecho dos aumentos de sueldo, por lo que la situación económica había estado mejorando.

Había pasado un tiempo ya desde los hechos ocurridos conmigo en aquel lugar y que el Señor me revelara los motivos por los cuales me había sacado de la institución. Sin embargo, aunque fui restituida y muchos se alegraron de mi regreso y del avance que estaba teniendo en mi carrera, otros no se sentían igual.

Salmos 126:1-3 (RV1960) *"Cuando el Señor hizo volver a Sion a los cautivos, nos parecía estar soñando. Entonces nuestra boca se llenó de risas; nuestra lengua, de canciones jubilosas. Hasta los otros pueblos decían: «El Señor ha hecho grandes cosas por ellos». Sí, el Señor ha hecho grandes cosas por nosotros*
y eso nos llena de alegría".

A pesar de que mis condiciones laborales habían cambiado por mucho y estaba siendo exitosa en mis funciones, sobre todo por la confianza que la administración estaba depositando en mí, de vez en cuando venían a mi mente algunos pensamientos y me preguntaba ¿Por qué el Señor había permitido que personas que me habían hecho tanto daño, aún permanecieran en la institución? Y en algunos momentos me sentía como David cuando expresó en el Salmo 139:19 (NTV) *"¡Oh Dios, si tan solo destruyeras a los perversos!   ¡Lárguense de mi vida, ustedes asesinos!"*

En el mes de octubre, la Dirección de Recursos Humanos informó sobre una elección que se realizaría entre los empleados para seleccionar y premiar al Servidor Estrella. El mismo debía ser postulado por los propios colaboradores, seleccionando entre sus compañeros aquellos que cumplieran con los requisitos establecidos por la administración y que se destacaran por los valores exhibidos como responsabilidad, integridad, compromiso, entre otros.

Para mi sorpresa, resulté nominada dentro de mi departamento conjuntamente con mi jefe y otro de mis compañeros.

El evento de premiación sería realizado en un acto que se transmitiría en vivo a través de una plataforma a la cual podrían conectarse todos los colaboradores de la entidad.

Todos los nominados, así como funcionarios y relacionados participaríamos de un acto especial en un salón preparado elegantemente para dichos fines.

Días antes del evento, me contactaron para que en el acto representara a todos los nominados, dando un pequeño discurso de agradecimiento, independientemente de que resultara ganadora o no. A principios me negué pues significaba un reto para mí, pero luego acepté pues me dijeron que habría poco público (lo cual descubrí luego que era falso).

Llegó el 16 de noviembre, día de la premiación. En el acto estaban presentes todos los funcionarios de la institución, incluyendo a la máxima autoridad, lo cual me puso en extremo nerviosa porque debía hablar frente a todos.

Tocó el turno de llamar a los ganadores de la dirección donde me desempeño y para mi sorpresa, resulté galardonada, realmente de todo corazón, no me lo esperaba.

Mientras estaba sentada en el salón, miré a mi alrededor, observé a todos los nominados y me pregunté por qué si había personas de niveles más altos que el mío y con mayor experiencia, me escogieron para ofrecer aquel discurso.

Me dirigí al pódium para compartir con el público las palabras que había escrito y en ese momento, sentí en mi corazón y en mi cabeza un fuerte mensaje que decía *"para eso los dejé aquí, para que te vieran"* y entonces recordé el Salmo 126 *"y dirán las naciones, grandes cosas ha hecho Jehová con estos".*

Entonces, con mucha gratitud, confianza y seguridad, pude leer aquellas palabras que Dios había puesto en mi corazón, las cuales concluí con el texto que escribió el sabio Salomón en el libro de los Proverbios 22:29 (RV1960) *"¿Has visto hombre solícito en su trabajo? Delante de los reyes estará; No estará delante de los de baja condición"*

Entendí que era el cierre de esa etapa de mi vida laboral tan dolorosa y llena de tantos desafíos. Comprendí que el Dios que provee me había provisto la restitución y me había puesto en alto delante de aquellos que me humillaron tanto. Además, supe que el acto de premiación fue reseñado y colocado en todas las redes sociales de la institución, por lo cual aún aquellos que ya no se encontraban laborando en aquel lugar, se enteraron de lo que el Señor había hecho conmigo.

¡Alabado sea por siempre el Dios que provee porque no deja sus hijos en vergüenza!

❋ ❋ ❋

Para Reflexionar

En muchos momentos de nuestras vidas deseamos hacer justicia por nuestra cuenta y es una reacción natural. Sin embargo, el Señor nos llama a dejar todo en sus manos porque como dice en su Palabra: Éxodo 14:14 (NTV) *"El Señor mismo peleará por ustedes. Solo quédense tranquilos".*

14. UN ODRE NUEVO

Como les he contado a lo largo de este libro, tengo dos hijos, Paula y Lorenzo. Pues este capítulo trata sobre Lorenzo.

Desde que estaba pequeña, sobre todo luego de la desaparición de mi papá, siempre dije que cuando tuviera un hijo varón le pondría el nombre de mi padre. Dios conocía los anhelos de mi corazón así que me hizo un regalo doble, me envió el primer hijo varón y para sorpresa mía nació el mismo día que mi papá, por lo que obviamente le puse su nombre.

Lorenzo siempre fue un niño tranquilo, cariñoso y simpático, pero nunca le gustó estar correteando en la calle con los demás niños y tampoco se interesó en los deportes, más bien le gustaba dibujar y divertirse armando legos y rompecabezas.

Había un joven cristiano que frecuentaba el barrio e impartía clases bíblicas a los niños de una forma divertida y Lorenzo siempre participaba porque le gustaba mucho.

También asistíamos a la iglesia episcopal y participaba en las actividades que hacían pues también estudiaba en el colegio de la iglesia.

Cuando él tenía seis años, nació su hermana Paula y como mi matrimonio se terminó, nos quedamos los tres viviendo en casa de mi madre y con mi hermana menor.

Ya de adolescente empezó a visitar la casa de un joven que tenía una clase bíblica para chicos de su edad y hacía competencias entre ellos, cosa que les divertía mucho mientras aprendían de la Palabra de Dios. Así fue como conoció la iglesia en la que un par de años más tarde yo conocería al Señor y nos empezamos a congregar juntos los tres.

Como dije antes, Lorenzo era amante de las artes por lo que constantemente era víctima de bullying (en ese tiempo yo no lo sabía) y eso causó en él mucho dolor.

A la edad de 15 o 16 años, su adolescencia fue marcada por una serie de abusos cometidos por una figura de autoridad y eso lo llevó a dejar poco a poco su relación con Dios y se fue adentrando en un mundo muy oscuro porque comenzó a conocer personas que lo sedujeron para entrar a formar parte de la comunidad LGBT, cosa que le gustó pues ahí (según le dijeron) podía ser quien quisiera sin que se sintiera juzgado.

Yo notaba su desinterés por las cosas del Señor, pero él no me decía nada hasta que un día me confesó que no seguiría asistiendo a la iglesia, a lo que yo le contesté: *"si no quieres ir no vayas, pero nunca dejaré de orar por ti"*

Ahí comenzó mi verdadera batalla. Él empezó a involucrarse en activismo a favor de los derechos de los homosexuales y a vivir su vida como le enseñó la comunidad "fuera del closet".

Yo sufría con la situación, pero siempre le mostraba el amor de Cristo, oraba y de vez en cuando lo invitaba a una que otra actividad en la iglesia. Él por su parte, a veces cuando tenía una situación, proyecto o algún amigo necesitaba, me pedía oración.

Los años pasaban y yo sufría al ver cómo él se alejaba más y más del Señor. Tuvo muchos episodios de depresión y ansiedad porque tenía mucha presión social relacionada con su identidad, incluyendo peleas en su interior porque trataba de descubrir quién era en realidad. Él se diluía, pero mis rodillas nunca cesaron.

Tuve muchos momentos de agotamiento, desesperación, dudas sobre si las cosas verdaderamente cambiarían para él. Muchas veces cuando él salía de la casa yo me tiraba de rodillas, oraba con el corazón roto y clamaba al Señor diciéndole: *"sólo te pido que me lo traigas vivo"*. Cuando él regresaba daba gracias al Señor por su misericordia y seguía confiando en que en algún momento daría algún giro positivo a la situación.

Cabe aclarar que independientemente de su preferencia sexual y su vida de comunidad, él siempre fue un joven responsable, dedicado y trabajador, con múltiples cualidades, servicial, atento a las necesidades de los demás y amigo de sus amigos.

Estudiaba en la universidad la carrera de Mercado, de la cual se graduó en el año 2021, aún en pandemia.

Ezequiel 37:3-5 (RV1960) *"Y me dijo: Hijo de hombre, ¿vivirán estos huesos? Y dije: Señor Jehová, tú lo sabes. Me dijo entonces: Profetiza sobre estos huesos, y diles: Huesos secos, oíd palabra de Jehová. Así ha dicho Jehová el Señor a estos huesos:*

He aquí, yo hago entrar espíritu en vosotros, y viviréis"

En el mes de enero del 2023 proclamaron un ayuno de 40 días en la congregación. El primer día, sábado, nos reunimos en el templo para iniciar el ayuno. El hermano que compartió el mensaje habló sobre el texto de Ezequiel 37 y nos dijo que habláramos a los huesos secos y declaráramos vida sobre ellos. Yo decidí orar por Lorenzo y clamar porque su alma volviera a la vida, a su relación con el Señor.

En un momento nos dispusimos a orar unos por otros, me reuní con dos hermanas y una de ellas dijo que veía un cerebro con depresión, a lo que sentí que se trataba de mi hijo. Mi espíritu se estremeció y le conté lo que pasaba con Lorenzo quien en ese tiempo estaba atravesando una crisis depresiva. Así que dediqué ese ayuno completo de 40 días por la salvación de su alma.

Al concluir el ayuno, recuerdo que era sábado, yo estaba cocinando, él se me acercó y me dijo: *"mamá, no me dejes mañana"*, yo comprendí de inmediato que el Señor estaba en el asunto, lo miré y me repitió: *"no me dejes mañana, iré contigo a la iglesia"*. Disimulé mi gozo delante de él y me contuve para no derramarme en lágrimas porque estaba segura de que era el inicio de su transformación.

Al día siguiente fuimos a la iglesia, todos lo recibieron de una manera que él no esperaba, incluso dijo que se sintió parte de la congregación, como si lo conocieran desde antes. Así que empezó asistir tímidamente, con cierta frecuencia.

Un día anunciaron el *"Encuentro de Jóvenes con Jesús"*, los hermanos lo empezaron a persuadir para que asistiera, incluso algunos de ellos pagaron por su participación para que no tuviera excusas.

1° Samuel 1:27-28 (RV1960) *"Por este niño oraba, y Jehová me dio lo que le pedí. Yo, pues, lo dedico también a Jehová; todos los días que viva, será de Jehová"*

Por muchos años y para nada una casualidad, siempre que participaba en la presentación de un niño en la iglesia, me pedían que leyera un texto e inexplicablemente, siempre me asignaban el texto de Ana cuando dedicó a Samuel en el templo. Así que decidí aferrarme a esa promesa y esperar que el Señor diera respuesta a mi clamor.

Llegó el mes de noviembre y era tiempo de que Lorenzo se fuera al Encuentro, cosa que no le entusiasmaba ni le creaba expectativas, pero yo sabía que era el momento del Señor actuar en él, por lo que le armé la maleta y se la dejé lista antes de irme al trabajo ese día que saldría hacia el lugar del evento.

En ese tiempo, hacía poco formaba parte de un grupo de madres que se reunían para orar por sus hijos y ellas me respaldaron fuertemente con oración y ayuno para pelear por el alma de Lorenzo.

Mateo 9:17 (RV1960) *"Ni echan vino nuevo en odres viejos; de otra manera los odres se rompen, y el vino se derrama, y los odres se pierden; pero echan el vino nuevo en odres nuevos, y lo uno y lo otro se conserva juntamente"*

El evento era de viernes a domingo, regresaban en horas de la tarde, así que en la mañana del domingo me fui al culto y mientras estábamos en el tiempo de alabanzas y adoración, algo me ocurrió. Entonaron la canción "Enamórame" de

Abel Zabala y de repente sin saber por qué caí de rodillas, llorando y temblando mientras cantaba *"haz de mí un odre nuevo"*.

En la tarde regresé a la iglesia para recoger a Lorenzo. Ellos tuvieron una participación para contar algo de lo que el Señor había hecho ese fin de semana en sus vidas. El primero que habló de su grupo fue él y como yo esperaba, el Espíritu Santo había trabajado profundamente en su corazón, lo había traído de vuelta a casa y entregó su vida al Señor.

Lo que no me esperaba y luego comprendí fue que, al momento de presentarse, el grupo en el que estaba dijo que ellos se llamaban *"Odres Nuevos"*, entonces recordé mi experiencia en el culto de la mañana donde el Señor me ministró con aquella canción de los odres nuevos.

Meses después, decidió bautizarse y testificar delante de la congregación lo grande y maravilloso que el Señor estaba haciendo en su vida. Realizó sus estudios en la academia bíblica y empezó a servir en la iglesia.

Entendí que el Dios que provee había provisto salvación y vida eterna para mi hijo y que nuestras oraciones fueron escuchadas, sobre todo cuando reconocí que en mis fuerzas no podía hacer nada para cambiarlo.

*Puedes ver el testimonio que Lorenzo compartió a través de un video colgado en YouTube: *"De las tinieblas a la luz: Testimonio de Transformación e Identidad en Cristo" by Lorenzo Leonardo.*

* * *

Para Reflexionar

El Señor tiene promesas, una de ellas es que creas en Jesucristo y serán salvos tú y tu casa. Te motivo a que ores por aquellos de tu familia que están alejados del camino.

No te canses, no te desanimes, ni desmayes. Ora con convicción, modélales a Cristo y verás que el Señor obrará, así como lo hizo en la vida de mi hijo. No hay imposibles para el Dios que provee.

15. PORQUE YO SÉ

Al final de cada año, acostumbraba a plantearme y escribir metas y deseos que tenía en mi corazón y los ponía "en las manos del Señor", pero luego de la pandemia, cambié un poco esa rutina y no porque fuera malo planear, sino porque comprendí que me enfocaba demasiado en actuar basándome únicamente en la planificación y de esa manera lo hacía en mis propias fuerzas y no alineada a los propósitos que Él tiene para mi vida.

El primer jueves del año 2024 fuimos a la iglesia a participar en el primer culto del año. El pastor predicó sobre los planes de Dios para su iglesia y enfatizó en el siguiente texto:

Jeremías 29:11 (NVI) *"Porque yo conozco los planes que tengo para ustedes —afirma el Señor—, planes de bienestar y no de calamidad, a fin de darles un futuro y una esperanza"*

Nos dijo que meditáramos en esto, que escribiéramos ese versículo y que lo tuviéramos presente durante todo el año, pero lo que menos imaginamos era que se haría tan evidente en nuestra familia y tan pronto.

Inicié mi año de forma tranquila, sin novedades, con planes y proyectos sobre todo en la parte financiera pues en los últimos meses del 2023 Carlos había obtenido algunos trabajos y le estaba yendo bien, excepto en el mes de noviembre que estuvo interno a causa de una neumonía un poco extraña que le afectó.

Lorenzo estaba trabajando en un negocio de pastelería que tenía hace un tiempo y que poco a poco había ido creciendo, además de que estaba iniciando la vida congregacional luego de reconciliarse con el Señor.
Paula inició el último año de su carrera en la universidad, le iba muy bien en su trabajo, además estaba sirviendo en el ministerio de alabanzas y adoración en la iglesia y fungía como líder en la red de jóvenes.

Carlos y yo estábamos más unidos y cada uno sirviendo en diferentes ministerios de la iglesia. Por lo que según visualizábamos este sería un excelente año para nosotros.

Proverbios 19:21 (NTV) *"Puedes hacer todos los planes que quieras, pero el propósito del Señor prevalecerá"*

El domingo 11 de febrero, en la iglesia celebraron un culto especial con motivo del día del amor y la amistad. Nuestra amada hija Paula participó en un panel de expertos y tuvo una exposición magistral, emitiendo sus opiniones como joven y como psicóloga en el tema de las relaciones de parejas y de amistad.
Ese día cuando estábamos de regreso a la casa noté que Carlos caminaba de forma extraña, algo inestable y al cuestionarlo sobre el particular, me confesó que hacía unos días sentía calambres en los pies.

Pocos días después me dijo que estaba teniendo problemas de incontinencia urinaria, razón por la cual decidimos acudir al urólogo. El doctor le hizo una serie de revisiones,

JIREH: EL DIOS QUE PROVEE

estudios y analíticas y nos refirió a otro especialista pues nos informó que de parte suya todo estaba bien.

Acudimos entonces a un neurocirujano y este nos informó que lo que aparentemente tenía Carlos era un serio problema en la columna vertebral, de manera que le mandó realizar un sinnúmero de analíticas y estudios adicionales.

Carlos fue deteriorándose y tan solo dos semanas después, dejó de caminar pues perdió las fuerzas en las piernas, además del dolor intenso que le causaba la condición que padecía.

El doctor nos indicó que debía intervenirlo quirúrgicamente a la brevedad posible para extirpar lo que aparentaba ser una gran hernia en la columna dorsal que le comprimía las vértebras. Nos explicó que era arriesgado postergar la cirugía pues podría quedar completamente postrado.

Procedimos con los trámites necesarios para tomar la fecha más cercana posible y evitar que quedara cuadripléjico y gracias a buenos amigos que el Señor nos puso al lado que nos colaboraron con los trámites, obtuvimos la aprobación del seguro más rápido de lo que esperábamos.

El lunes 18 de marzo, tan solo un mes después de iniciar con los síntomas, Carlos fue llevado al quirófano y corriendo un gran riesgo porque tenía una anemia fuerte por lo que tuvieron que transfundirlo antes del procedimiento.

La cirugía concluyó luego de cuatro o cinco horas que fueron desesperantes (todo el que ha estado en la sala de espera de un hospital conoce ese sentimiento).

Todo salió bien según nos comunicó el médico, pero nos dijo que debía mandar a realizar una biopsia pues lo que le extrajeron de la columna fue un gran tumor y que debían transfundirlo nuevamente porque perdió mucha sangre.

Mateo 26:39 (NTV) *Yendo un poco más allá, se postró rostro en tierra y oró: «Padre mío, si es posible, no me hagas beber este trago amargo. Pero no sea lo que yo quiero, sino lo que quieres tú"*

El médico me dio las muestras para llevarlas al laboratorio patológico para realizar la biopsia. Mientras iba de camino lloraba y clamaba al Señor que, si era su voluntad, el resultado fuera negativo para cualquier malignidad, pero que, si era su voluntad, yo no era quien para contradecirlo. Iba cantando una adoración nueva de Christine D´Clario que se llama *"Tantas historias"* donde ella expresa que Dios nunca defrauda y eso me calmó.

En ese momento recordé la historia de Sadrac, Mesac y Abed Nego quienes fueron sometidos al horno de fuego y recité aquella expresión de ellos: *"Yo sé que puedes librarnos del horno de fuego, pero si no nos libras, igual le seremos fiel a Jehová"*

Pasamos 5 días más en el centro médico y el día antes del alta nos entregaron los resultados de la biopsia, el diagnóstico: Mieloma Múltiple.
Este es un tipo de cáncer que se desarrolla en la sangre, afecta la médula ósea, los huesos y algunos órganos vitales. Faltaba un nuevo estudio para determinar el grado de avance en el que se encontraba la enfermedad.

Por recomendaciones del médico, Carlos no tenía

conocimientos del diagnóstico final. Tampoco los chicos sabían la noticia aún, así que yo estaba en shock, preocupada y sin saber qué sentir en ese momento. Sólo pude respirar, contener las lágrimas y clamar al Señor por paz y sabiduría para manejar todo esto.

Conversé con una hermana de la iglesia y esta me aconsejó que conversara con mi familia porque no podía afrontarlo sola, así que aproveché en un momento que Lorenzo y Paula estaban en la clínica de visita y les conté la novedad, claro que antes había hablado con algunos hermanos para que me apoyaran en oración y les dieran seguimiento a ellos dos mientras me encargaba de Carlos.

El sábado 23 de marzo nos fuimos a casa y era momento de iniciar con nuevos procesos de terapia física, tratamientos y cuidados especiales.

Isaías 41:13 (RV1960) *"Porque yo Jehová soy tu Dios, quien te sostiene de tu mano derecha, y te dice: No temas, yo te ayudo"*

Para nadie es un secreto que cuidar una persona con una condición de enfermedad es agotador, por lo que omitiré detalles en esta parte, pues ya sabrán qué tan intensos fueron esos días. Sin embargo, en todo momento sentí la mano del Señor a mi lado y puedo decirles que conté con mucha gente (familia, amigos, compañeros de trabajo, hermanos en la fe), que estuvo pendiente de nosotros y nos acompañó en el proceso.

Gálatas 6:10 (RV1960) *"Así que, según tengamos oportunidad, hagamos bien a todos, y mayormente a los de la familia de la fe".*

En el momento que el neurocirujano me habló del

posible diagnóstico, de las consecuencias de postergar el procedimiento y viendo cómo Carlos se deterioraba cada día, no lo pensé dos veces para autorizar el proceso, sin preocuparme por el costo monetario que aquello representaba porque para mí la prioridad era él. Así que sometimos todo a la compañía de seguros y una vez autorizado por ellos se puso la fecha.

El doctor me habló de que debíamos tener alrededor de RD $80,000.00 para cubrir el copago del seguro y yo sin saber de dónde lo obtendría, le dije: - *"Proceda"*.

A través de alguien conseguí el dinero que necesitaba en ese momento, sin embargo, hacía falta mucho más para cubrir todos los gastos, sobre todo conociendo el posible diagnóstico y sabiendo que es una enfermedad que resulta sumamente costosa.

Los hermanos de la iglesia, familiares y algunos amigos se enteraron de la situación y decidieron apoyarnos no solo con sus oraciones y mensajes, sino también con sus ofrendas. Fueron tan generosos con sus aportes que pudimos cubrir muchos gastos de diferente índole: alimentación, transporte, estudios y análisis especiales, medicamentos, terapia física y demás. Incluso meses después de iniciar este proceso, seguíamos recibiendo ofrendas de diferentes personas, sobre todo en los días en los que estábamos más apurados económicamente y que sólo el Señor lo sabía.

El día que le dieron de alta contábamos incluso con una silla de ruedas que nos fue donada a través de una amiga que había laborado en un patronato y nos hizo la gestión.

Luego de un par de meses de la cirugía y mediante terapia física que le realizaban en casa, empezó a recuperar la movilidad.

Mientras esto ocurría, recibimos el resultado del estudio que confirmó el diagnóstico, así que debíamos empezar una nueva etapa y esta vez con tratamientos oncológicos.

Después de acudir a varios lugares, finalmente llegamos al lugar perfecto, un centro especializado con un cuerpo médico sumamente profesional que nos ofreció un trato amable desde el primer día en que nos atendieron.

Carlos fue internado por varios días en este centro, le practicaron estudios y analíticas e iniciamos tratamientos de quimioterapia.
Los resultados fueron alentadores, ya que la enfermedad se encontraba en etapa inicial y la médula ósea no estaba comprometida, así que le dimos muchas gracias a Dios porque si el tumor no le hubiera causado esa situación a Carlos, no habría sido diagnosticado a tiempo y más adelante sería muy tarde.

Así que aprendí que el Dios que provee, siempre tiene planes de bienestar y no de calamidad para sus hijos.

Conocí lo que hace el amor de Cristo en el corazón de las personas, ya que fui testigo de cómo muchos se desprendieron de sus posesiones materiales para apoyarnos en el proceso.

Pero sobre todo recibí del Dios que provee: paz, fuerza, sabiduría y fortaleza para poder batallar y enfrentarme a este desafío.

✻ ✻ ✻

Para Reflexionar

Los seres humanos somos dados a querer tener todo bajo control y en nuestro día a día, olvidarnos tomar en cuenta que el Señor dice en Su palabra que nuestros caminos no son sus caminos ni nuestros pensamientos los suyos.

Te sugiero que de ahora en adelante antes de planear, ores y prestes atención pues el Señor sabe los planes que tiene para ti los cuales son de bienestar y no de calamidad para darte un futuro y una esperanza.

16. CUANDO DIOS MANDA…

Dentro de la vida de la iglesia se desarrollan diferentes ministerios, con el objetivo de cubrir y dar apoyo en cada área de la vida de los creyentes y como una forma de ayudar en los diferentes roles que asumimos en la sociedad.

Considerando esto y tomando en cuenta que la oración es una de las armas principales del cristiano, en el año 2023 pasé a formar parte de un grupo de madres que se dedican a orar por sus hijos.

Las reuniones se realizaban de forma virtual cada semana y una que otra vez se celebraba una actividad presencial para conocernos y compartir más de cerca.

Una noche durante una de las reuniones virtuales, en la dinámica de la misma, nos colocaron en pareja para que oráramos la una por la otra. Con la hermana que me colocaron empecé a conversar y le expliqué que debido a la situación de salud de mi esposo y por los gastos en los que estábamos incurriendo, nos atrasamos con el pago de la renta y le pedí que orara sólo por eso.

La hermana inició con la oración y en lugar de pedir por lo que le comenté, empezó a interceder por provisiones y por la despensa nuestra. Al concluir el tiempo que nos dieron para orar, le agradecí por tomarse el tiempo, aunque en mi mente pensé que no había orado por lo que le pedí, pero no le dije nada.

Concluyó la reunión y me acosté. En la madrugada, mientras dormía, me retumbó en la cabeza un texto bíblico:

Isaías 33:15 (NVI) *"Solo el que camina con justicia y habla con rectitud, el que rechaza la ganancia de la extorsión y se sacude las manos para no aceptar soborno, el que no presta oído a las conjuras de asesinato y cierra los ojos para no contemplar el mal"*

Al despertar en la mañana recordé el texto Isaías 33:15 y procedí a leerlo. Como el versículo hablaba de sobornos y ganancias basadas en extorsión y demás, inmediatamente lo asocié a mi trabajo. Creí que considerando la situación económica en la que me encontraba, el Señor me estaba advirtiendo para que no cayera en una trampa que me pudiera poner el enemigo.

Inicié mi día laboral, pero seguía inquieta por el texto bíblico que había recibido, así que procedí a buscar en un comentario bíblico para saber un poco más del tema, pero en todo momento me enfoqué sólo en el versículo específico que había recibido.

Mientras almorzaba uno de mis compañeros me preguntó que quién me llevaría a la casa pues me habían enviado algo y no podía llevármelo a pie. Yo no pensé en nada en particular, sino que le respondí que me iría con un compañero que vivía cerca de mi casa.

Luego de la hora de almuerzo observé a ese mismo

compañero que me cuestionó, recibir un servicio delivery que había pedido de un supermercado de la ciudad, lo cual no me sorprendió pues acostumbraba a hacerlo.

Pidió ayuda de otros y empezaron a colocar muchas bolsas en un área de la oficina que utilizábamos para comer.

De repente me escribió por WhatsApp y me dijo: - *"Todo eso que está allá atrás es tuyo, de parte del jefe y yo"*. Me costó contener las lágrimas para que los demás no se dieran cuenta.

En ese momento recordé el texto bíblico nuevamente, pero esta vez fui guiada por el Espíritu a leerlo incluyendo el versículo que seguía:

Isaías 33:15-16 (NVI) *"Solo el que camina con justicia y habla con rectitud, el que rechaza la ganancia de la extorsión y se sacude las manos para no aceptar soborno, el que no presta oído a las conjuras de asesinato y cierra los ojos para no contemplar el mal. Ese morará en las alturas; tendrá como refugio una fortaleza de rocas, <u>se le proveerá de pan</u> y no le faltará el agua"*

Entendí que el Dios que provee estaba pendiente de mis necesidades. Que mientras me enfocaba en pedir el dinero para la renta, Él estaba pendiente de los alimentos que me hacían falta y que el Espíritu Santo había guiado a la hermana a clamar por mi despensa que era la prioridad en ese momento.

Comprendí además que cuando Dios desea bendecirnos, inquieta a cualquier persona para hacerlo y que eso mismo lo utiliza para que esas personas puedan conocerlo.

Así que luego de recibir ese regalo de parte de mi

compañero y mi jefe, les testifiqué sobre la oración de la hermana, les conté del mensaje que recibí a través del texto bíblico, el cual les compartí y les dije que en ese momento en mi casa no había alimentos por lo que podían estar seguros de que ellos fueron instrumentos en las manos del Señor para suplirnos.

Aproveché también para comunicarle a la hermana que oró lo que ocurrió, con lujo de detalles y puntualizando el hecho de que ella pidió por la despensa sin solicitárselo y que tampoco ella sabía lo que nosotros necesitábamos, pero ¡*Jehová Jireh!*

* * *

Para Reflexionar

¿En algún momento has estado en una situación difícil y has orado, pero has recibido otra respuesta de parte del Señor? O por el contrario ¿Has sido la oración contestada de alguien más?

17. ¡EBENEZER!

La Biblia cuenta la historia de una mujer de una ciudad llamada Sunam, no especifica su nombre, sin embargo, los acontecimientos que rodearon su vida es lo que el Señor quiere destacar y por eso en los textos bíblicos solo se le conoce como la Mujer Sunamita.

Esta mujer vivió en los tiempos en los que el profeta Eliseo ejercía su ministerio. Cada cierto tiempo el profeta pasaba por la ciudad por lo que ella le pidió a su esposo que le permitiera preparar una habitación que fuera usada para que el profeta descansara cuando estuviera en la ciudad.

Eliseo en agradecimiento por su hospitalidad pidió al Señor que le concediera un milagro para aquella mujer, así que Dios le dio un hijo ya que ella era estéril.
Unos años después, ese hijo falleció. Ella en lugar de echarse a llorar, lamentarse y conformarse, se llenó de fe y se armó de valor, lo recostó en la cama del profeta y salió en busca de este para que hiciera un milagro, que le devolviera la vida a su hijo y así ocurrió.

Esta historia fue usada por el pastor de nuestra congregación el domingo 30 de junio del año 2024. Este en medio de la prédica le comunicó a la iglesia que sentía en su corazón que al igual que la Sunamita, alguien de la iglesia recibiría un milagro grande y que ese milagro posiblemente ocurriría antes de que concluyera el año. En ese momento mi cuerpo empezó a temblar pues sentí que era a mí a quien el Señor estaba haciendo esa promesa.

Transcurrían los meses y cada semana llevábamos a Carlos a los tratamientos de quimioterapia, analíticas y chequeos médicos y poco a poco empezó a sentirse mejor.
Pasó de la silla de ruedas a caminar con andador y luego empezó su moverse sin ayuda, pues su cuerpo se fortalecía poco a poco.

El domingo 27 de octubre de 2024, en medio del culto el hijo del pastor quien en ese momento predicaba, pidió a los hermanos de los ministerios de intercesión y ministración que se colocaran delante y que aquellos que necesitaban oración pasaran para que oraran por ellos.

Acompañé a mi esposo al frente para que los hermanos oraran por él. En ese momento varios de ellos lo encarraron en un círculo y empezaron a clamar por él.

Cuando terminaron de orar, algunos de ellos le expresaron que sintieron que el Señor había impartido sanidad en su cuerpo y él recibió esas palabras con gran fe.
Un par de semanas después, exactamente el día 19 de noviembre fuimos a la consulta con la oncóloga. Le entregamos los resultados de unas analíticas que ella le mandaba realizar cada mes para conocer el estado de la enfermedad.

En esa oportunidad, cuando la doctora vio los resultados expresó *"pero esos análisis son de una persona que está normal"*, ya imaginan la alegría que sentimos, en ese momento dimos gracias a Dios y a la doctora por ser instrumento para que Carlos estuviera en esa condición.

Ella nos comentó que debíamos concluir el tratamiento, del cual sólo faltaban en ese momento doce semanas y que luego serían dosis de mantenimiento y revisiones mensuales por alrededor de dos años.

Cuando llegamos a la casa, conversamos sobre lo que acababa de ocurrir y recordamos esa promesa *"antes de concluir el año, alguien recibirá su milagro"* y así fue como en el mes de noviembre, el Dios que provee nos proveyó la sanidad que Carlos necesitaba. ¡Jehová Rafá!

Aprendí en este tiempo que las situaciones difíciles, los desafíos, zarandeos y desiertos son necesarios para que podamos conocer de cerca al Dios de Abraham, Isaac y Jacob.

Durante ese tiempo de dificultad, pude alcanzar nuevos niveles de fe, confianza, dependencia e intimidad con el Señor.

Conocí al Dios que sostiene, que provee, que nos dice *"no temas, yo te ayudo"*, que está presente a cada momento de nuestro caminar.

Como dijo Job *"Hasta ahora solo había oído de ti, pero ahora te he visto con mis propios ojos"*. Sé que como dice la canción de Christine D´Clario, aún me quedan pruebas que enfrentar, sin embargo, ahora sé con toda seguridad que tengo a mi lado a ese Dios que cuenta la Biblia, que es completamente real, cercano, amigo, padre, amoroso, compasivo y que tiene para nosotros planes de bienestar y no de calamidad.

Ahora conozco muy bien a Jireh: El Dios que Provee.

* * *

Para Reflexionar

Luego de haber tenido que enfrentar una de las temporadas más difíciles de mi vida, una gran prueba de fuego y haberme mantenido de pie, fiel al Señor sin cuestionar el por qué me tocó vivir esto, puedo decir que mi fe verdaderamente es más fuerte y entiendo el texto que dice que la fe al igual que el oro se prueba con fuego.

Mi oración para ti es que, si en algún momento tienes que enfrentar un desierto o sufrir un zarandeo, puedas aferrarte más y más a la roca que es Cristo. Que, si llega la tormenta a tu vida te mantengas en la barca porque ese a quien el viento y el mar le obedecen estará a tu lado para sostenerte y ayudarte a pelear tus batallas y que al final puedas decir como yo: ¡Ebenezer!, hasta aquí me ha ayudado Jehová.

ACERCA DE LA AUTORA

Deyanira Romero nació en la República Dominicana. Se define a sí misma como una sierva de Cristo. Tiene alrededor de 16 años de haber entregado su vida al Señor.

Está casada con Carlos Díaz, es madre de dos (Paula y Lorenzo) y juntos como familia, sirven en la obra del Señor en Iglesia Cristiana, una congregación de la cual forman parte hace aproximadamente cuatro años.

Su anhelo principal es servir a Dios y convertirse en aquella mujer virtuosa que describe Proverbios 31.

El versículo bíblico que mejor la define es Colosenses 3:23 *"Y todo lo que hagan, háganlo de corazón, como para el Señor y no para los hombres"*

Made in the USA
Columbia, SC
18 February 2025